论人类不平等的起源和基础

[法]让-雅克·卢梭 著 郭佳利 译

DISCOURS SUR
L'ORIGINE ET LES FONDEMENTS DE
L'INÉGALITÉ PARMI
LES HOMMES

陕西师範大學出版总社

图书代号　SK23N0921

图书在版编目（CIP）数据

论人类不平等的起源和基础 /（法）让 - 雅克 · 卢梭著；郭佳利译．— 西安：陕西师范大学出版总社有限公司，2023.9

ISBN 978-7-5695-3425-2

Ⅰ.①论…　Ⅱ.①让…　②郭…　Ⅲ.①哲学理论－法国－近代　Ⅳ.①B565.26

中国国家版本馆 CIP 数据核字（2023）第 008062 号

论人类不平等的起源和基础

LUN RENLEI BUPINGDENG DE QIYUAN HE JICHU

［法］让 - 雅克 • 卢梭　著　郭佳利　译

出 版 人　刘东风
责任编辑　高　歌
特约编辑　宋晓霞
责任校对　舒　敏
封面设计　王　鑫
出版发行　陕西师范大学出版总社
（西安市长安南路 199 号　邮编 710062）
网　　址　http://www.snupg.com
印　　刷　小森印刷（北京）有限公司
开　　本　787 mm×1092 mm　1/16
印　　张　12
字　　数　151 千
版　　次　2023 年 9 月第 1 版
印　　次　2023 年 9 月第 1 次印刷
书　　号　ISBN 978-7-5695-3425-2
定　　价　69.00 元

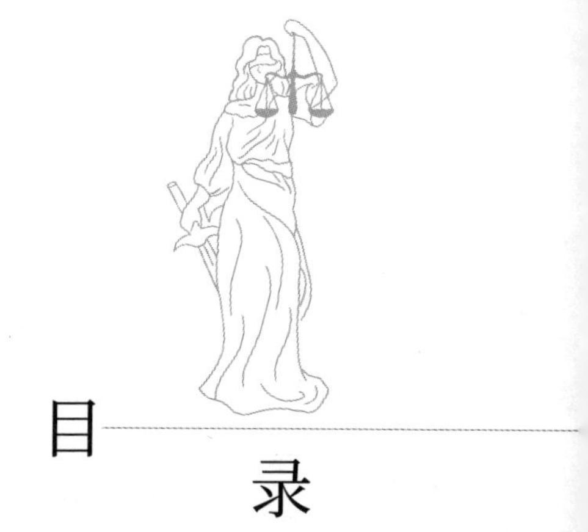

目录

导致人类之间产生**不平等现象**的原因是什么?

以及，这种不平等是否符合自然法则?

注释说明

由于本篇论文写作所用时间较长，在此过程中多次中断，所以写完后，我又增加了一些注释，其中一些注释可能与本文主题无关，将它们与文章内容穿插在一起会影响大家的阅读，因此我把它们附到了本文末尾。

在这篇论文中，我尽量将注释写得言简意赅。如果有重读本文的读者，第二遍阅读时也可以试着读一下后面的注释；不过，对于其他阅读者，即使不读这些注释，也不影响对本文的阅读。

——卢梭

一、献给日内瓦共和国

杰出的、尊敬的、崇高的统治者们：

我笃信只有德行兼备的公民才能够向祖国表达他最崇高的敬意。

在长达三十年的时间里，我默默耕耘，勤勤恳恳地工作，就是希望有一天能够得到公开向你们表达我崇高敬意的资格。正好赶上这次珍贵的机会，让我不用担心是否有这种资格。我想，充沛的热情能够赋予我前行的动力，去弥补之前努力的不足。

非常幸运与你们出生于同一时代。在这个时代背景下，思考将自然状态下的人类平等与人类创造的不平等结合起来是一件极具智慧的事情。这个智慧具体说就是将大自然恩赐给人类的平等与文明社会人类创造的不平等结合起来，以最大程度贴合自然的法则和最有利于社会发展的方式，来保障社会秩序的稳定和个人幸福的满足。在探寻良知会促使政府制度采纳的最好准则时，令我惊讶的是，你们的政府在运行中已经使用了这些最完美的准则。像我这样一个不出生于这里的人，都觉得有一种不可言说的魅力促使我将这里人类生活的美景展现在你们面前。因为我觉得，你们是人类社会中最有优势的一类，并且在防范人类社会过激行为方面取得的成就远远超过其他地方。

如果可以，我将会选择这样一个国家作为自己的出生地：这个国家的大小一定要在人们可掌控的范围之内，换句话说就是，这个国家的人能够很好地治理它。

在这个国家里，每个人都有自己的事情要做，没有任何人需要将自己的职责推给他人；在这里，人们交往密切、互相熟识，所有的阴谋或美德都显现在大众的评判之下。在这里，人与人之间经常走动和时不时互相交流的美好习惯，使人们将对国家的热爱衍生到对公民的热爱，而不只是对这个国家土地的热爱。

我更愿意出生在这样一个国家。在这个国家里，君王和人民所追求的利益是一致的，国家机关所有的行动都是为了追求人民的共同幸福。为实现这一目标，君王与人民必须站在一个立场上。因此，我更希望在一个有着合理法度的民主政府之下出生。

我毕生都在追求自由。换句话说，人们服从的法律，是让所有人包括我都无法挑战的权威枷锁。即使是那些最傲慢的人也不得不服从于法律这种温和而有力的枷锁，因为他们从出生起就不应该受除此之外的其他任何枷锁的束缚。

因此，在这样的国家里，我希望没有任何人凌驾于法律之上，而且本国之外的任何人也不能胁迫一个国家接受他的管制。因为，不管政府是如何组成的，只要有一个人有意违犯法律，那么其他人就一定会受到这个违法之人的恣意支配[1]*。如果同时期存在一个国内领导者和一个国外领导者，无论他们怎样分配权力，公民都不会心甘情愿地遵从他们，这也就意味着，这个国家的治理效果不会很好。

不论一个在新制度下构建的共和国法律完善到何种程度，我都不愿意在这个国家里生活，因为我担心这样以另一种形式构建的政府与新公民居住习惯不匹配，抑或公民不能很好地接受这个新政府，从而导致这个新生国家建立没多久，就又被人推翻。

---

* 文中以“[1]”样式标识的注释，为作者作品完成后的新增注释；文中以“①”样式标识的注释，为作者的随文注释。——编者注

自由犹如那美味却不易消化的食物、香甜的葡萄酒，或许它们比较适合那些身体强壮的人食用，并不普遍适用于所有人。如果强迫那些体质虚弱或肠胃不好的人以它们为食，只会让那些人感到难受、痛苦或者沉迷其中。人们如果已经习惯听从领导者指挥，那么他们就再也无法逃离领导者的控制。当他们试图挣脱枷锁时，就会发现，他们离自由越来越远，因为自由对他们意味着摆脱枷锁的控制，但是在革命的最后，他们又主动戴上了引诱者准备的更沉重的镣铐，甚至一直被视为自由人民标杆的罗马人也是这样，在挣脱塔尔干王朝的控制后，却无法实现自治。

饱受奴隶制度压迫并遭受屈辱性劳动摧残的罗马人，起初仅仅是一群愚蠢的民众而已。为了教育和治理这群愚蠢且地位低下的人，人们必须绞尽脑汁、费尽心思。只有这样，才能使这些在专制统治下的愚民逐步学会追求自由，在这种环境的熏陶下，形成淳朴的民风和无畏的精神。也正是这淳朴的民风和无畏的精神，才成就了罗马人，使之成为众多民族中最值得敬重的一个。

回到我自己身上，我更想在一个充满幸福和安定的共和国里生活。它的时代气息已被时间磨平，它经历的种种挫折彰显了人民对祖国的热爱并鼓舞本国民众勇敢斗争。在这个国家里的人们早就习惯了自由，因为他们不仅是自由的，而且由他们享受自由也是理所当然的。

我希望自己能够生活在这样一个国家，它没有强大到有征服其他国家的能力，同时还处于一个相对有利的环境中，不用担心被其他国家吞并。这个国家位于多个国家中间的自由地带，那是一个比较有利的地理位置，不仅没有国家想要征服它，而且一些国家在必要时还会为它抵御别国入侵。因此，如果生活在这样一个国家，可想而知，除了它自己外，也没有什么可担心的了。即使这个国家训练它的公民使用武器，主要目的也不是防御其他国家的入侵，更多的是培养公民对力量崇拜的风俗和英勇的气魄。这两种气质都有利于保持本国自由的环境，并且符合本国人民对自由的向往和追求。

我希望存在这样一个国家。在这个国家里，立法权被赋予每个公民，因为他们比任何人都了解自己，了解在一个共享的社会里生活需要哪些条件。但是，这不代表我认同罗马人的全民公决。如果采用这一表决体系，与国家安全息息相关的人和国家的统治者反而不能参加与国家安全相关的表决会议。另外，极其荒谬的是，行政官员不能享有一般公民所拥有的权利。

与之相反，我认为没有人可以任意提出新的法律，因为这样做能够在一定程度上减轻那些谋求私利和不严谨的法律提案带来的损害，以及制止那些使雅典人走向衰落的危险改革。那么，应该由谁提出新的法律呢？我觉得那些官员是提出新法的最佳人选。当然，我们要求这些官员在提出新的法律议案时，要保持足够的谨慎。同时，在这些法律通过之前，必须要对其进行仔细的考量和审察，最后法律的公布一定要严肃和庄重。因为这样做，有利于在宪法被认可前，人们有充足的时间去验证。让法律变得牢不可破的恰恰是其所具有的稳定性和古老性。我推测，人民不久就会厌烦、鄙视那些总是修改的法律，同时也会看不起那些不重视法律传承的变法者和在解决小问题时带来大麻烦的人。

我想要远离一个秩序混乱的共和国。在这个国家里，人民觉得可以任意罢免法官或者只给法官极其有限的自由裁量权，而且把民事管理的权力和法律执行的权力掌握在自己手里。这种状态的国家可能是刚从自然状态下演化而来的初级政府组织。这也许正是雅典共和国快速没落的原因之一吧！

与之相反，我更愿意生活在这样一个共和国。在这个共和国里，法律的批准权由每个公民享有。这些公民可以根据国家管理人员的法律提案，亲身参与这个国家重大公共事项的决策。在这里，法律是人们的信仰，人们会创建起庄严的法庭。他们谨慎地将整个国家划分为不同的省市，每年推选出他们中间的佼佼者、最有能力且公正廉洁的公民来担任国家官员，行使司法权和国家管理权。在这个国家里，政府官员的品德反映了人民的智慧，政府官员与人民相互配合、相处融洽，因此，即使出现秩序混乱的致命过失，在混乱和谬误中的人们也依然能够保持冷静，做到相互尊敬，把法律作为行动准则。这是一个真诚、和谐的社会应该有的状态和保证。

杰出的、尊敬的、崇高的统治者们，上述所列国家的优势就是我所憧憬、向往的国家应该具备的优势。假如上帝能够让这个国家有优越的地理位置、适宜生活的气候、肥沃的土地以及除上述之外的一切优越条件，那么，我将非常幸福，并为这个美好国家具备的优势感到兴奋。那时，我将与其他公民一块在这个美好的国家里平静地生活，以他们的榜样为楷模，向他们传递人道、友爱和美德。等我死后，为他们留下一个友善、正直和道德高尚的爱国者的形象。

因为我生活坎坷或懂事太晚，所以被迫以一种病态又萎靡的方式在另一个国家生活，就此终老一生。我非常后悔和遗憾，荒唐的青春挤走了原本属于我的安宁和平静，但是，在我内心深处还保留着一份热情，即使这份热情在我的祖国没有机会表现出来，但它鞭策着我向远方的同胞表达我的温柔和无私的爱。我衷心地想对他们说：

亲爱的同胞们，血缘关系和法律把我们紧密地联合在一起。对此，我感到十分快乐：每当你们出现在我的脑海时，我就仿佛看到了你们拥有的幸福。在你们之中，由于我早已失去了我的那份幸福，因此可能没有谁比我更能体会这份礼物的珍贵。

鉴于你们所处的政治与社会环境，我想没有什么比这更好的方式去解决人类的事务了。在其他政府里，面临国家最大利益的维护时，所有事情都停留在虚无缥缈的构思阶段，或者说最多只是存在一些实践的可能而已。而你们只需要安静地享受你们现在所拥有的幸福即可。只要你们满足于现在所拥有的幸福，那么你们的幸福感便会超越其他人。你们用武力征服或者收复丧失的主权，有了勇气和智慧的支持，你们将它完好地保存了两百年时间，最终收获了全世界人民的认可。

承载着公平正义的法律在界定了你们的疆域范围的同时，也保障了你们的权利和安宁。你们拥有十分完备的宪法，因为你们的宪法是在最优越的理性指导下制定的。你们还有友好、值得尊敬的邻邦提供帮助。稳定的国家常态，使得你们无须担心战乱爆发，也不必害怕其他国家的入侵。你们唯一需要听从的就是你们自己提出的法律，而这些法律适合由那些由人民选举出来的、公正廉洁的法官掌握。你们不是非常富有，因此不会过度安逸而导致精力耗损或者在一些虚幻的消遣中迷失追求幸福和道德的方向，但你们也不至于过度贫穷，因而不需要借助外力就能得到你们想要的东西，这份难能可贵的自由，你们可以轻松地获得，但在某些国家只有依靠公民缴纳大量税费才能维持。

共和国的这种组成方式是多么完美又充满智慧。因此，为了这里的公民的幸福，为了其他民族以此为楷模，我希望它能够永远存活下去，这也是你们以后唯一追求的目标和唯一关心的事情。在此之后，你们不用担心怎样去获取幸福，因为你们的祖辈已经为你们做好了准备，而你们所要做的就是头脑清晰地去运用，让这份幸福永远保持。只要你们和谐相处、服从法律、尊敬法官，你们的生命就能够得到保证。如果你们还抱有愤恨或猜忌的情绪，我劝你们早点把它们掐灭，否则，它们会成为祖国的祸根，祸害和摧毁你们的祖国。

现在你们听一听自己内心深处的声音，试想还有其他比执政官员更廉洁、更智慧、更值得敬重的人吗？这些执政官员早已在节制、朴素、遵纪守法以及亲和等方面为你们做了表率。因此，请对这些道德高尚的执政者充满信心，这也是一个充满理智的人对这些有德行的执政人员应该所做的支持。你们选择了他们，最后他们也会为你们的选择正名。那些被你们选举出来的人获得的一切荣誉最终也会回馈到你们的身上。你们肯定明白，如果法律失去约束力、你们的保卫者丧失权威，那么你们现在所享有的一切幸福和自由都将化为泡影。因此，除了要用诚恳与恰到好处的信心与同伴交流，以自己应有的权利和应尽的义务为基础，理智地处理事情外，你们还能做哪些事情呢？

你们要维护宪法，那种带有恶意的、事不关己的态度会阻碍你们倾听那些最有智慧、最虔诚之人的有益建议。我希望你们能够保持公正、节制和坚定意志等品德，并且用你们自己的行为向世界树立一个既勇敢又谦虚的、热爱荣誉和自由的、民族的标杆。

特别需要注意的是，要拒绝听取那些不怀好意的谬误和恶毒的言语，因为隐藏在这些言语背后的动机非常可怕，这也是我给你们的最后一个规诫。给你们举个例子，你们或许就能明白。如果晚上，有一只平时机灵又忠诚，只有听到小偷的响动才会叫的狗突然狂吠，这户人会立马清醒并保持警戒状态；相反，如果是那些整天狂叫打扰公共安宁的狗，即便它们发出了正确的报警声，也不会有人相信它们。

杰出的、尊敬的统治者们和属于自由人民的官员们，请允许我向你们表达我的敬意和忠诚。假如这个世界上有一个能让拥有它的人感到光荣的位置，那么能力与德行就是构成这个位置的必然因素。这个位置应该属于你们，所以你们的公民才会选择让你们任职。同时，公民的功勋为你们的荣耀增光添色。由于你们是由那些有领导能力的人选举出来领导他们的，所以你们是优于其他官员的。就像一个在智慧与理性指引下的自由的民族，特别是你们管理的这个自由民族，会远远优于别的国家的平民一样。

请允许我举一个经常浮现在我脑海里的例子，因为它给我留下了十分美好的印象。

每当想起那位赋予我生命的道德高尚的公民，就有一种暖意涌上心头。在我小时候，他总是教导我要尊敬你们。他用双手劳动的画面令我至今难忘。那时候，他用最崇高的道德来丰富自己的灵魂。我看到他面前经常放着塔西佗、普鲁塔克和格劳秀斯的文集，以及他的职业所需要的各种工具。我好像见到他可爱的儿子总是在他身边，接受着来自父亲的最好的教育。遗憾的是，他的儿子并没有在其中得到什么启发。然而，尽管在缺乏理智的青春时期我走错了路，使我曾经将如此明智的教导抛诸脑后，但庆幸的是，我最终还是感悟到了，无论一个人如何被邪恶诱惑，一份慈祥的父爱带给他的教育不可能完全没用。

杰出的、尊敬的、崇高的统治者们，出生在或者说居住在你们所统治的国家里的普通居民就是这样。这些都是有着丰富的知识且明白事理的人，然而他们在别的国家被当作“工人”或“平民”对待，还常常受到其他人的鄙视。我很乐意承认，我的父亲在同类人中并不出色，并且非常普通。但是无论在哪里，这些普通人是社会关系中不可分割的主力。我原本并不打算说这些，而且没有必要给你们说这些，因为那些学富五车、通情达理的人，理应受到你们的尊重。他们所受的教育、拥有的自然权利以及因出生而享有的权利，和你们的并无区别。

他们甘愿被你们统治，一方面是他们自己的愿望，另一方面是他们对你们的贡献所表达的尊敬，所以你们应该对敬爱你们的人心存感激。我十分开心地发现你们的仁慈缓和了执法者的严峻，同时你们对他们表现出来的关怀，也很好地回报了他们对执法者的服从和尊重。这种明智的做法可以让那些早就应该被遗忘的而且不应该再被提及的坏事消逝。你们明智合理的行为，使这些崇尚公平慷慨的人非常乐意去履行自己的义务来向你们表达敬意，因为最终想要保护自己权利的人，正是那些最希望你们的权利得到维护的人。

追求社会的繁荣和幸福通常是一个文明社会的领袖所做的事情，这并没有什么稀奇古怪的。但是，如果有些人把自己当作另一个神圣、美好国度的官员，抑或视自己为这个天国的主人，那么，这些人即使对养育他们的祖国表达热爱，也不利于人类灵魂对稳定的追求。但是，我们的人民却是为数不多的例外。我非常开心地了解到：我们杰出的、被誉为纯正的灵魂牧师的公民十分虔诚地遵守法律规定的那些神圣教条。他们以身作则使人们很好地记住了那些饱含了福音的准则，并且他们总是亲力亲为地宣传福音。

在日内瓦，布道的艺术取得了巨大的成功，然而，可能是因为人们见多了表里不一的事情，所以很少有人相信牧师身上应有的基督教义、道德的圣洁、对自己的苛刻以及对他人的仁慈已经得到了很好的实践。也许，神学家和文人的紧密结合仅仅在日内瓦才得到了如此完美的展现，而我认为两者间互相认可和共同期盼国家繁荣的愿望使他们长期地和平共处。我十分惊奇地发现那些神圣而又野蛮的人类所制定的教条会使他们恐慌。历史上已经发生了许多这样的案例：他们表面上宣扬神权，但实际上是在维护他们自身的利益——一边大肆屠杀，一边又不断宣传生命至上。

占人口半数的妇女在共和国里有着至关重要的地位。正是这些妇女为男人创造了幸福，通过她们的温柔和聪慧维护着共和国的稳定和善良的风俗。美丽而又高尚的女性始终掌控着我们男性的命运。幸运的是，女人在配偶关系中所获得的特权只有在面临国家的荣誉和人民的幸福时才会显现，因此，女同胞们利用在男人面前的特权控制了斯巴达，日内瓦也得以由她们统治。男人总会被家中温柔的妻子说服，去做一些正义的事。在看到她们简朴的衣服后，人们都会认为这是对“美丽”最好的阐释，最后，那些没有价值的奢华只会引来人们的鄙视。正是你们用温柔而有力的权威维护着整个国家的法律；也是你们，用幸福的生活维护着家庭的完整，用共同的秩序让公民和睦相处。

你们要使用那些易于别人接受的温和的教导和朴实的言语来矫正年轻人在其他国家染上的坏习惯。在其他国家，他们没有去学任何对他们有用的东西，反而从妇女那里习得了轻佻的言语和荒谬的情感，带回来对荣华的赞赏，但是，这种荣华只不过是奴役之下空虚心态的一种调味品，它是永远无法与神圣的自由比拟的。因此，我希望你们还像过去一样，成为良好风俗坚定的守护者和我们和平联系的纽带吧！为了履行义务和宣扬美德，请继续使用你们的良知和自然权利吧！

事实证明，我的论断没有错，因为我为共和国的荣誉和公民共同的幸福找到了可靠的依据。我承认即使共和国有了这些优点，也不会因此变得光彩夺目，对这些光彩的追求是不成熟的表现，它是人追求幸福和自由道路上危害最大的死敌。让那些放荡的青年去其他地方追求唾手可得的快乐吧！等待他们的将是后悔莫及。让那些附庸风雅之士去其他地方赞美豪华的宫殿、精美的马车、华丽的家具、讲究排场的戏剧以及一切骄奢淫逸的生活吧！在日内瓦只有普通人，但是，能见到这些普通的日内瓦人，本身就是一件价值不可估量的事情，而那些渴望看到日内瓦公民的人比那些羡慕其他事物的人更值得赞赏。

杰出的、尊敬的、崇高的统治者们，我真诚祝愿你们共同幸福，恳请你们能够接受我最敬重的言语。倘若我因为内心过于激动而在话语中有不当之处，还请你们考虑到一个真正爱国者的诚挚之心而原谅我，因为你们都幸福是我快乐的唯一源泉。

杰出的、尊敬的、崇高的统治者们，我谨向你们表达我深深的敬意！

你们最谦卑、最恭顺的仆人和同胞

让－雅克·卢梭

1754年6月12日于尚贝里

二、序言

就我个人观点而言，在人类积累的所有知识中，最需要也最欠缺的就是人类对本身的认识[2]。德尔菲斯神庙上雕刻着这句话——“你要认识你自己”，我认为这句话中蕴含的哲理比所有伦理学家的著作中暗藏的箴言更加重要和难以理解。

可想而知，我的论文题目是哲学领域一个极有意义的命题，但不幸的是，哲学家们似乎也不好回答这一问题，原因在于，在探寻人类不平等的起源之前，首先要研究人类本身，这就要求我们明确区分大自然赋予人类的先天特征和受环境与人的进步影响而产生的后天特征。就像海神格劳克斯雕像那样，在经历时间、海洋和暴风雨之后，已经没有了原来海神的样子，而更像一头猛兽，人类的灵魂又何尝不是这样呢？在多种因素的持续影响下，人类的灵魂获取知识的同时也被迫吸收了大量谬误，在身体结构的变化和欲念的作用下，人类的灵魂也早已变了模样，以至我们几乎认不出来了。我们发现他们早已摆脱一成不变的规则，也早已丧失了造物主恩赐给他们的纯朴、卓越的品质，他们的欲望吞噬了理性，思维混乱不堪，逐渐用自己的情绪而非理性去做事。

更糟糕的是，人类的进步使我们距离原始状态越来越远，因此，当我们接触的新知识越来越多，对重要知识的提取能力就会逐渐减弱。在某种程度上说，我们人类研究得越深，越是无法掌握认识人的方法。

可以确定的是，如果要寻找使人类出现差异的本源，那么我们就必须在人类构造的变化中探寻，因为人们一致认为，人类和其他动物一样，都是生来平等的，直到各种各样的原因使某些动物发生了一些可见的变化。但是，不管这些变化是如何产生的，我们都不能想当然地认为它们是在同一时间，用同一种方法对人类全体产生了无差别的影响，因为人类个体在发展过程中会逐渐变好或变坏，而且还有一些没有变化的情况，这就是人与人之间产生不平等的本源。这样概括性地描述是比较简单的，如果要深入地研究其真正原因，就要复杂得多。

读者们也不用指望我已经知晓上文提到的有关问题的答案，我只是在进行某些推论。然而，我做推测的目的并不是解答这个问题，而是想阐明这个问题，向人们解释其真实的状态。研究这个问题的其他人大概能很容易入门，但是如果想要解决这个问题，可不是那么容易的，因为区分人类的本来特征和人为特征，以及了解现在和将来不存在，过去也可能从未出现过的状态并不容易。因此，我们给这种状态一个准确的定义，有助于我们研究现在的状态。那些要弄清楚在这种问题上进行立论说明需要注意哪些方面的人，必须拥有一套更好的哲学方法来辅助研究。如果有人能够解答接下来的问题，那么我将把这个人当成当今社会的亚里士多德和普林尼。这些问题主要是：为了了解自然状态下的人类，我们需要进行哪些实验？现如今，我们应该以什么样的方式去进行这种实验？对于这些问题，我虽然并未解答，但是我已经对它进行了一番深刻的思考。我敢打赌，不管是最伟大的哲学家还是最强势的君王，都无法独自进行这些实验。如果你们期待他们合作完成这些实验，那简直是痴心妄想。

这些实验研究是极其困难，也是极其重要的。遗憾的是，迄今为止还没有人去深入地研究它，但这些实验研究却是我们为了解人类社会的真正基础扫清障碍的唯一方式。由于对人类本性一无所知，我们对自然权利还没有一个准确的定义。布拉马基曾说：权利观念，更确切地说是自然权利观念，与人类的本性息息相关。因此，要想对自然权利做一个准确定义，就必须从人类的本性出发，从人类的构造和其所处的环境着手。

令人惊讶的是，我们会发现在讨论这个问题时，各个著作家得出的意见都不一致。在这些权威的著作家中，我们很少能找到两个对这一问题有相同观点的人。那些古代哲学家甚至想要在这些基本准则方面相互辩驳。罗马的那些法学家认为人类和其他动物应无差别地接受自然法的管理，因为他们将“自然法则”这个术语理解为大自然自身的运行规则，而不是自然界制定的法则；或者说，法学家对“自然法”的理解与众不同，所以他们似乎认为自然法是大自然为所有生命体共存而创立的规则。现代法学家将“法则”视为一种由理性、智慧、有道德的生物制定的，规范该生物与其他生物之间关系的法则。

因此，他们认为自然法作用的主体只能是人类。但是学者们对自然法有着各不相同且晦涩难懂的解释，以至我们很难理解这些法则。尽管这些学者的解释说明相互矛盾，但只有推理家或玄学家才能理解并遵守自然法。换句话，人类建立社会用了许多大智慧，现今也很难找到拥有这种智慧的人。

正是因为我们对大自然的无知，我们才会对“法则”这个概念有如此多的猜想，这就导致我们对“自然法”没有一个统一的概念。因此，我们在学者的著作中发现的定义，存在两种缺陷：一是概念不一致；二是著作中关于自然法的概念并不是从自然状态下的人类所拥有的固有知识中归纳出来的，而是从人类在脱离自然状态之后获取的有利条件中归纳出来的。他们下定义遵循这样一个路径：先提炼出那些既能促进人类的共同利益，又被人类所认可的法则，然后将其归纳，最后得出自然法的定义。这样做的唯一根据就是人们可以从这些法则的实施中获得好处。但是，这种下定义的方式是最为简单，甚至说是快速解释事物性质的最为简便的方法，而且在其中能感受到这种方法的随便程度。

然而，我们根本不了解自然状态下的人类，所以我们就没有任何方法去了解他们愿意遵从的法则或者最适合他们身体结构的法则。对于法则，目前较为清楚的是：它必须是人类能自愿遵守的；它合乎自然逻辑，能够传达自然思想。

只要我们摆脱那些只讲述人类文明状态的书籍，并细心思考人类灵魂最原始和最朴实的活动，我们就会发现在理性存在之前有两个因素推动着自然法则的产生：一个是对自我幸福和自我生存的追求；另一个是在其他动物，尤其是同类死亡或痛苦时产生的厌恶情绪。我们的灵魂只要将这两个因素结合起来，那么即使在没有人与人之间的社会准则的情况下，也照样能产生自然法则。不过，后来随着理性的发展，人类的本性逐渐被抹杀，才会用其他基础重构自然法则。

那么，在自然状态下的人类变成社会状态下的人类之前，我们没必要大费周章将他先变成一个哲学家。他也不是受到理性和教育启发之后，才知道需要对他人履行义务。只要他不排斥大自然赐予的怜悯心发挥作用，他就不会伤害其他人和受自然法则约束的动物。只有他的生存出现危机时，才会优先保全自己。通过这个方法，我们可以不再讨论动物是否受自然法则约束这个问题了。显而易见，动物没有理性和智慧，因此认识不到自然法则的存在，但是在某些方面，它们也有和我们人类天性一样的感知。由此看来，它们也是受自然法则约束的。这样，人类也需要对它们负责任。实际上，我们不能伤害我们的同类，是因为他是一个感性而非理性的生命体，这也是我们人类和动物共有的优点，因此，动物拥有不被虐待的权利。

探究原始人类真正的需求以及义务中的相关原则，对我们研究人类精神上的不平等的起源、政治团体的真正基础与它的成员之间的相互联系，以及很多非常重要但还没明确阐释的问题提供了很多方便。

当我们沉下心用一种公正的眼光去审视人类社会时，首先看到的就是强者对弱者施加的暴力和压迫。于是，我们对一些人的残暴感到愤怒，对一些人的愚昧感到难过。相对于以智慧为基础的外部关系的稳固，人类之间由偶然因素造成的强弱、贫富有很强的不确定性。所以，从表面上看，人类社会的根基似乎是一片流动的沙石，然而，当我们细心观察那些覆盖在建筑物上的沙尘时，才能发现它那坚固的根基，才明白要去尊重人类社会的基础。

如果我们没有深入研究人类、人类固有的能力以及他的自我发展能力，就可能做不出这些区分，就不可能从现有的事物中辨别哪些来源于上帝赋予的灵感，哪些是人为创造的东西。由我对这一问题的探索引起的对政治、道德的研究，对我都是十分有益的。而且，我推测的政体发展历史对人类有一定的参考价值。

假如任凭我们自由地发展，那么我们将会变成什么样子？我很庆幸有这样一个人：他乐于助人地伸手修正了我们制度中的弊端，并给予它坚固的根基；他早就预见了我们的制度可能会引起的混乱。因此，他用一种看似会给人带来痛苦的方式铲除了混乱的根源，给我们带来了现有的幸福。

上帝想让你成为什么样的人？

你在人类社会中又处于什么样的地位？

这些，你都应该有所了解。

三、小引

我要讨论的主题是人，这个主题指引我向各位阐述它。如果诸位智者忌惮揭示真理，也就不会发起这类征文了，因此，我会在准许我参加本次征文比赛的各位智者面前，满怀信心地为人类辩护。倘若我把这个征文题目论证清楚，并得到了各位评审员的赞同，我将为自己的出色表现感到自豪。

在人类中存在不平等，而这不平等有两种：一种是自然或生理上的不平等，它是由自然造成的，在年龄、体质、体力、智力以及心灵等方面都有明显体现；另一种是精神或政治上的不平等，这种不平等的产生依赖于被人们同意或认可的习俗，精神或政治上的不平等表现为一些人通过损害他人利益来获得种种特权，比如，比他人财产更多、地位更尊贵、权力更大，抑或能让他人服从自己。

我们没有必要去探寻什么是“自然的不平等”的起源，因为从这个问题的字面意思上就能得出答案；我们更没有必要去问上面两种不平等之间是否有显而易见的联系，因为如果这样问就无异于追问发号施令的领导者是否必然比服从命令的下属更加优秀，他们的体力、智力、才干还有德行是否都与他们的权力或财富成正相关。这类问题可以去问那些被主人监听的奴隶，但是拿它去问那些有理性、拥有自由意志并执着于追求真理的人就显得有点滑稽。

那么我们这篇论文究竟要探讨什么问题呢？我想把它总结为以下问题：一、在事物的发展演变过程中，何时权力替代了暴力，天性开始遵从于法律？二、到底发生了什么奇迹，使强者决定为弱者服务，人们决定牺牲触手可及的幸福去换取缥缈的安宁？

哲学家们对社会基础做过一些研究并有了一定的了解之后，一致认为对社会基础的研究应追溯到自然状态，但他们之中没有一人真正做到这个程度。一些人直接设想在自然状态下的人类就有辨别“正义”与“非正义”的意识，但这些人没有研究出自然状态下的人为何有这种观念，同时也没有指出这种“正义”与“非正义”的观念到底对人有什么作用；另一些人虽然讨论了人类拥有保护一切属于自己的东西的自然权利，但没有解释清楚“属于”的具体含义；还有些人执着于倡导强者拥有统治弱者的权力，接着就将它作为政府产生的源头。然而他们忽略了一个重要问题，即需要经历多长时间，人类才会接受“权力”与“政府”这两个概念。

我们还需要注意的是，他们都在各自的著作中极力讨论人类的需求、贪婪、压迫、欲望以及骄傲，把人类在社会状态下的观念运用到了自然状态中；他们想描绘野蛮人的状态，但结果恰恰相反，描绘成了我们社会中文明人的状态。我们的众多学者在脑海中坚定不移地相信自然状态在历史上曾存在过，但当我们翻开《圣经》后就会发现，第一个人从存在起便从上帝那里得到了智慧和训诫，他自己也没有在自然状态下生活过；假如我们像基督教的哲学家那样信仰摩西，那么我们就不得不认为洪水暴发之前的人类也并非处在真正的自然状态下，如果必须要说他们是的话，那也可能是某种特殊情形导致他们回到那种状态的。这种荒诞的结论，使我们很难信服，并为它做证。

因此，我们暂时无须讨论事实是怎样的，因为事实与我们正在讨论的问题没有联系。不能把我们在这个问题上论述的观点看作历史的真相，只能将它们视为假定和有条件的推论，可以用来论证事物的性质，而不能用它们解释确切的来源。这与我们的物理学家在关于宇宙的形成方面所进行的一步步的推论是相似的。尽管宗教教义强硬地让我们深信：人类在刚被创造出来之时，上帝便立即使人类与自然状态分离开来，人类之间之所以存在不平等是上帝意志所致的。但是宗教教义并没有禁止人类只根据自我的天性与周围的事物做出某些推论：如果任由人类自由发展，那他们将会是什么样子？这正是我遇到的问题，而我将在这篇文章中讲明的也正是这个问题。鉴于我的文章要讨论的对象是全人类，因此我需要尽可能地使用一些适合世界各国人民的语言，而且我提出的观点尽可能地不带任何时间或地域的因素，而是只考虑听我说话的人。现在假定我在雅典的校园，正复习老师们留下的功课，柏拉图、色诺克拉特式的贤良们是我的评判官，公众是我忠实的听众。

人类啊！无论你们生于何地，有何种见解，请认真地听我的讲述，我所说的内容是我了解到的关于你们的故事。这些故事不是从那些口若悬河的著述家的书中得来的，而是从客观的大自然中获得的。只要是来自大自然的事物，都是客观真实的；那些虚假的东西都是我自己添加的，但那并不是我本人的意愿。我要追溯的时代已离我们远去，而你们也与之前有所不同。我要论证的是你们这类人的生活，我要根据自然赋予你们的资质来描述，因为即使你们接受的教育和形成的习惯已经使它们遭到损害，但还不至于彻底地摧毁它们。我觉得曾经存在一个人类个体愿意定居的时代，现在，你将要去寻找你想要整个人类定居的时代。对于你们现在的处境，你们可能因为各种各样的原因感到不满意，它们揭示了你们的运气不那么好的后代将会感到更大的不满意，从而导致你们更愿意回到从前。这种心态的本身就表明了，你们会赞扬过去的祖先，会批判同时代的人类，会使那些晚于你们出生的人感到震惊。

四、第一部分

要想深入探寻人类的自然状态，就应该从他们的源头着手研究，换句话说，就应该从他还是胚胎的时候开始观察。但是，我并不想使用这种特殊且重要的方法研究人类的自然状态。因为，我不想通过观察他的发展轨迹来研究他的身体构造，更不想把大量时间浪费在从动物领域探求人类是怎么由从前的样子演化成现在这个样子的。同时，我也不会同亚里士多德一样，去研究人类现在的指甲最初是否是钩形的；不会去探索人类当初是否像浑身长着毛的熊那样用四肢爬行[3]；不去研究是否因为他的视野太过有限，从而决定了他的思想范围和特征。在这些问题上，我大概只能得出一些大致的猜想。鉴于比较解剖学的研究还很落后，而博物学家的论证又极不充分，因而他们的观点不能作为科学的、可靠的依据。假若不利用与这个问题有关的一些超自然的观点，忽略人的四肢有了新用途和新的粮食生产促使人的躯体发生的变化，我就可以猜想任何时代的人类都是我们今天所看到的模样，即两只脚走路，同我们一样灵活地运用双手，目光遍及整个大地，眼睛观察着广阔的天空。

如果把他们在自然中获得的天赋和通过后天的学习获取的才能全部消除，也就是说，只观察一个从大自然中新生的人，可以发现，有比他强大的动物，也有比他敏捷的动物。但是，他整个身体的构造要比许多别的动物好很多：我看见他在一棵橡树下无忧无虑地玩耍，遇到水源就会喝个够，在能给他提供食物的树下填饱肚子和进行休息，这样，他全部的需求也就得到了满足。

肥沃的土地[4]以及未经砍伐的森林为各种动物提供了食物和休息的场地。居住在动物群体中的人类，通过观察和模仿其他动物生存的技能，逐步具有了与动物相似的本能，并且人类还拥有一个比其他动物更为优越的地方：其他动物都拥有自己独特的技能，人却没有属于自己的天赋技能，但他们可以学会其他动物的各种技能，并把那些技能综合运用；就食物而言，动物只吃自己能吃的食物，而动物能吃的食物，大部分人类也可以吃[5]，因此，相较于动物，人类更容易找到食物。

人类从幼年起就整日暴露在风雨中并且忍受着严酷的四季气候的变化，因此养成了吃苦耐劳的好习惯。为了维持自己的生命和食物来源，人类还能够徒手对抗猛兽，或者为了避免猛兽的袭击，以令人不可思议的速度奔跑。时间一长，人类就练出了一副铜筋铁骨的身躯。儿童从一出生就继承了父辈强壮的身体素质，再通过后天的各种训练，他们的身体更加结实，最终他们身体的强壮程度达到了人类的极限。大自然对待他们的方式与斯巴达对待其公民的孩子一样，使强者更强，而弱者则逐渐被淘汰。这与我们的社会有很大区别。在文明社会里，国家迫使父母承担起抚养孩子的责任，加重了父母的负担。毫无疑问，这损害了所有人的天性，包括那些还在母亲子宫里的孩子。

野蛮人拥有的唯一工具就是他们强壮的身体，他们通过锻炼身体来完成工作。而现今我们因缺乏锻炼而虚弱的身体再也不能和之前相比了。我们的技巧在给我们带来方便的同时，也让我们逐渐丧失了自然状态下野蛮人的体质和灵巧。我们不妨扪心自问，假如当初野蛮人发明了短柄的小斧头，他们还能用手折断树枝吗？假如他们当时知道有吊索这种工具，还会花那么大力气把石头扔远吗？假如有梯子，他们还能锻炼出迅速爬树的能力吗？假如能够驾驭马匹，他们还能那样飞快地奔跑吗？如果文明人将这些工具都准备齐全，那么文明人就能够轻松打败野蛮人了，但是，如果让文明人和野蛮人赤手空拳进行较量，那么我们可想而知，他们之间的力量差距会有多大。换句话说，相较于文明人，野蛮人在时刻准备进行战斗[6]。

根据英国哲学家霍布斯的观点，人类天生凶猛、好斗。然而，根据康伯兰和普芬道夫等著名哲学家的观点，没有任何动物像自然状态下的人类那么胆小了，一有什么风吹草动，他们就瑟瑟发抖，开始逃跑。面对一些没有见过的事物时，人类也是这样。我想，只要是没遇到过的事情发生在他们身边，他们就会害怕。因为他们不知道这件事情对自身是否有利，也无法预估自己是否有足够的力量去应付未知的危险，但是这种情况在自然状态下是很罕见的。在自然界中，所有事物的运行都是单一且有规律的，大地也很少因为群居的人类的贪婪或善变而变得不稳定。分散生活在其他动物之中的野蛮人，一早就与其他动物进行较量了。他们发现，自己在灵敏度方面要比其他动物占优势，从此以后，野蛮人的胆子也开始逐渐大起来了。如果让一头狼或一头熊与手持石头和木棍的野蛮人进行搏斗，你会发现，他们不分上下，都有可能打死对方。在经过几轮搏斗后，那些本就不好斗的动物会发现人类同它们一样难对付，所以之后两者就互不侵犯了。但是，在那些比野蛮人力量更强大并且有绝对优势的动物面前，野蛮人还是胆小如鼠，和其他弱小的动物一样，艰难地利用各种技巧维持自己的生存。除了和其他动物一样可以快速奔跑外，人类还有一个长处，就是能很快地爬上树，找到避难地点。有了这个地点，人类在面对野兽的攻击时，便可以进退自如。另外，除非是出现生存危机或者极度饥饿，一般来讲，其他动物是不会主动攻击人类的。它们对人类没有强烈的厌恶之情，因此不会特意将人类锁定为猎物，不会像自然界中作为天敌存在的两种动物一样，互相将对方看为仇敌①。

我们人类躲避不了的另外一个可怕的敌人就是幼弱、衰老和各类疾病，这些是人类柔弱的代表特征且没有有效的防范措施。幼弱和衰老是一切动物都有的，而疾病则是社会中的人类特有的。关于幼弱这一方面，我通过一段时间的观察发现，人类的母亲为了方便哺喂，无论走到哪里都要把孩子带上。而其他动物中的母亲则东奔西跑，先去寻找食物，再去喂养它们的幼崽。如果不幸，母亲死了，那么孩子便有可能一起死去。这种危险是所有动物都要承受的，因为刚出生的动物幼崽需要经过很长一段时间才能独立觅食。虽然我们人类幼儿的发育期较长，但我们的生命周期也很长。所以，人类和动物在这方面是差不多一样的[7]。除此之外，幼儿发育期的长短以及幼儿出生数量方面[8]都还需遵循其他法则。当然，这并不是我们想要讨论的内容。随着年龄的增长，老年人的活动和劳动的次数也在逐渐减少，相应地，摄食量也随着他们觅食能力的衰退而减少。在自然状态下，野蛮人的生活使他们的身体强壮，不用受关节炎、风湿病之苦，但是衰老，是人类无论何时都无法避免的一种痛苦。因此，老年人在悄无声息中离世，不但其他人没有注意到他们时间的流逝，就连他们本身都没有意识到自己将要老去。

关于疾病，我想我就没有必要再重复那些身体健壮的人针对医

① 黑人和野蛮人大概是因为这个原因，才不担心在森林中遇到野兽。因此，从这个角度去说，那些和野兽混住在一起的委内瑞拉的加勒比人应该很安全吧！正如旅行者弗朗索瓦·柯雷尔所说的那样，尽管裸着身子，手里只有弓和箭，他们也敢在大森林中穿梭。而且我们也从未听过野兽袭击他们或把他们吃掉的事。

学发表的没有道理的谬论。但是，我想问一个问题，是否有真实的证据证明各个国家人民平均寿命的长短与该国医疗水平的高低有直接关系？还有就是，如果我们所得的疾病超出了可医治的范围，那是什么造成这种情况的呢？生活方式的不平等导致我们中的一些人空闲时间很多，而另一些人过度劳累。那些便利的条件时刻诱惑着我们的食欲和性欲。富人吃的食物使他们营养过剩，以至他们消化不良；反观穷人则一日三餐都可能吃不饱，偶尔遇到便宜又好吃的食物，他们就会吃很多，导致出现肠胃疾病。有些人常年熬夜，放纵情欲，而有些人整日愁苦、抱怨，充满忧虑。这种种现象都在向我们表明：这些痛苦都是由我们一手造成的。假如我们按照大自然赐予我们的简单、有规律和孤单的方式生活，我们现在遭受的这一切痛苦都有可能避免。如果大自然的本意是让我们健康生活，那么，我认为人类的思考就是违背自然规律的，进行思考的人就是反自然的。当野蛮人强健的身体浮现在我们的脑海时，我们发现他们除了受伤、衰老之外，就没什么可以让他们痛苦的事情了。这时，我们就会做出初步论断，人类文明社会的发展史是人类疾病史的参照物。至少柏拉图是这样认为的。根据波达利里俄斯和玛卡翁在特洛伊城堡内使用或提到的药物来看，柏拉图认为这些药物导致的疾病，是人类史上从未出现过的疾病[①]。

在自然状态下，能够使野蛮人得病的因素很少，所以他们那时并不需要药物或医生的治疗。从这方面来看，人类的状态并不比其他动物差。从猎人捕到的猎物来看，并没有多少患有疾病的动物，而最常

① 赛尔斯认为现代社会人提倡的节食治疗法只不过是由伊波克拉特所创，并非一开始就存在。

见的就是那些受了伤的动物，但它们的伤口都已经愈合了。有些动物虽然骨折或四肢不全，但它们并没有外科医生可以请，只能依靠时间和自身的机能逐步愈合。它们并没有接受手术的治疗，也没有使用麻醉药，更没有因忌食而弄得自己骨瘦如柴。虽然高超的医术对我们来说无比重要，但是，这些并不适用于野蛮人。他们受伤或生病时，是不需要医生和药物的，只能自然修复。他们只需担心自己的疾病，其他的什么也不用考虑，这一点上，野蛮人似乎比我们的生存境遇要好得多。

因此，野蛮人和我们现在经常见到的人是不同的。一切野生动物都生活在大自然的庇护之下，这是大自然对它们的一种偏爱和保护。生活在大自然的马、猫、牛甚至是驴都要比被人类驯化圈养的同类更加强壮。而且它们一旦沦为家畜，这些天生拥有的优势将会逐渐消失。可以说，我们对这些动物的细心喂养只会让它们越来越退化。同样，人类也是这样。一旦从自然状态进入社会状态，人们的身体就会逐渐衰弱，胆子变小，做事犹豫不决，享乐而又荒唐的生活使他们逐渐丧失强壮的体质和勇气。另外，这些差异在野蛮人与文明人之间的体现要比野兽和家畜之间的更加明显。尽管大自然对动物和人类都平等对待，但是人类给自己准备的舒适环境要比他们给家养的动物准备的更加丰富。也正是这些奢靡的享受使他们退化得更加明显。

因此，尽管赤身裸体、没有固定住处、没有那些我们认为不可或缺的但其实华而不实的东西，野蛮人照样能生活得很好。这些东西的缺失，对他们的生活并没有什么太大的影响。他们身上没有厚厚的毛发，是因为如果他们在热带地区生活，根本就不需要这些汗毛来保暖；即使他们生活在寒冷的地区，也会使用猎取到的动物皮毛来保暖。他们用两只脚而非四肢奔跑，是因为他们的双手还需要同其他动物进行搏斗以及获取自己需要的东西。虽然他们的下一代学习走路的时间很长，但他们可以用双手带着孩子去任何地方。这是其他动物所不具备的技能。当其他动物的母亲遭到攻击时，它们只能放弃自己的幼崽逃跑或者迁就幼崽缓慢的步伐[①]。除非那些充满偶然因素的事件，或者说根本不可能出现的事件发生了（我之后会讲到这些事），否则，我可以认为：第一个制作衣服或者建房子居住的人，并没有给自己带来很大的好处。因为这些衣服或者房子对他来说，是没有必要的。即使没有这些，他依然能够生活得很好。我们不明白，为什么他在长大后反而不能习惯幼年时期的那种生活？

自然状态下，孤单、懒散的野蛮人时刻都可能面临危险。因此，他们非常喜欢睡觉，但是不会进入沉睡状态，而且极容易被惊醒。就像那些很少思考的其他动物那样，它们用于思考的时间很少，所以看起来总在睡觉。令他们唯一担心的就是自己的安全问题。他们做过最多的训练就是攻击和防御。训练攻击是为了成功捕获猎物，而训练防御则是为了避免被其他动物吞食。反之，他们那些只能靠享乐和肉欲才能进化的器官还停留在非常粗糙的阶段。也正是因为这样，野蛮人的器官大致可能分为两类：迟钝的触觉和味觉，以及十分灵敏的视觉、听觉和嗅觉。其他动物也都是这样。根据旅行家记载的文献得知，这种状态在大多数野蛮人身上普遍存在，因此，当我们听闻，在好望角生活的霍屯督人仅仅用肉眼就能够看到荷兰人用望远镜才能看到的公

---

① 当然，这也是有例外情况的。在尼加拉瓜地区生活着一种和狐狸相似的动物，这种动物的爪子和人的手很像。而且，旅行者柯雷尔说它的肚子下方有一个天然形成的“肉口袋”，可以把幼崽装在里面。在母亲遇险逃跑时，可以很容易带上孩子。墨西哥的特拉夸金大概也是类似的动物，拉埃特说它的雌性动物肚子下方也有个“肉口袋”，功能和尼加拉瓜地区的那个“肉口袋”差不多。

海上的船只时，我们也就不惊讶了。此外，生活在美洲的野蛮人拥有最好的猎狗般的嗅觉，能够追踪西班牙人的踪迹。野蛮人对不穿衣服习以为常，还会通过吃辣椒来训练自己的味觉。因此，我们也不用奇怪，他们喝欧洲人的烈酒就像喝水一样容易。

上面我说的都是关于人类身体构造方面的事情。接下来，我们切换视角，从精神和道德方面对人类进行讨论。

我认为，所有的动物都是精妙的机器。大自然赐予它们的各种感官，不仅能使它们自由活动，自我完善，而且使它们有抵御所有试图毁灭或者伤害它们的东西的能力。我发现，人类和动物也差不多一样，唯一的区别就是动物的活动完全由自然掌控，而人类却是将自然的支配与自己的主观能动性结合起来。动物依靠本能进行选择，而人类则依靠自己的自由意志去选择。也正是因为这样，动物的活动从未突破自然给它们规定的法则。即使有时打破规则对它们有利，它们也不会去做。而人类却不一样，人类经常违背自然给他们设定的法则。即使有些行为对他们不利，他们还照样做。也正是因为这样，才能解释一只鸽子即使饿死也不吃身边盘子里的鲜肉，一只猫冒着被饿死的风险也不吃堆在旁边的水果和谷物的现象。实际上，只要鸽子或猫稍加尝试，就可以吃这些它们不喜欢的食物。无所顾忌的人类就这样使自己陷入疾病和死亡的威胁之中。原因就在于，精神一旦掌控了感官，即使他们的合理需求得到了满足，欲望还是会不断地膨胀。

由于所有动物都拥有感官，因此它们也都会产生观念，并且它们还能将各种观念在某些方面上综合起来。在这一点上，人类和动物并无本质差别，只是在观念上有不同程度上的差异而已。有些哲学家认为：人与人之间的差别比人与动物之间的差别还要大。因为与其说是人的智力将人与动物区分开来，倒不如说是人类的自由主体意识将他们与动物区别开来。大自然掌控着一切动物的活动，动物也服从大自然给它们制定的规则，而人类虽然也受到大自然的约束，但人类觉得他们是自由的，可以听从大自然，也可以反抗大自然。正是因为人类认识到自己是自由的，才展现出了他们主观的意愿。物理学只能解释感官的机制和观念的形成，而不能在意志、选择以及对这些力量的理解上起作用。我们发现，在这些方面起作用的是精神行为，然而，物理学中的力学定理是很难对精神行为进行解释的。

由于有关这些问题的种种困难都还没有解决，以至我们在人类和动物之间的差别这个问题上众说纷纭。但是，对于人类和动物的区分有一点是无可争辩的，即自我完善的能力。人类的这一能力会随着环境的变化而变化。它不仅存在于我们人类种族中，还存在于人类个体身上。反观动物就不一样。一个动物在身体发育成熟后，直到它死去，本身拥有的能力不会发生新的变化。它的同类也是这样，即使过了千年，它们还是和原来一样。为什么只有人类才会衰退呢？难道是因为他们可能会回到野蛮人形态吗？而其他动物后天既没有收获也没有损失，因而它们始终能保持初始的状态。当人类因衰老或者其他原因逐渐丧失后天获得的能力时，其生存状态可能连其他动物都不如。正是这不可估量的特殊能力构成了人类一切痛苦的来源。在漫长的历史长河中，这种能力将人类从安宁、悠闲的原始状态拉入文明社会。随着社会的不断发展，这种能力使人类获得智慧的同时又吸收了谬误，让人类重视道德的同时又使他们容纳罪恶。不幸的是，统治人类和大自然的暴君成了他们自己[9]。奥里诺科河沿岸的居民用薄木板夹住他们孩子太阳穴附近的鬓角。他们认为，这样能够保持孩子部分纯朴的性格和最初的幸福。如果我们赞美第一个提出这个办法的人，那就真的太可怕了。

在自然规则的束缚下，野蛮人最初只能受自己的本能支配。也许，大自然为了弥补野蛮人在本能方面的缺陷，又赋予了他其他能力。这些能力起初只用于弥补野蛮人在本能上的缺陷，发展到后来，这些其他能力使野蛮人产生了超出他本能范围的力量。由此，我们可以发现，野蛮人起初拥有的行为是动物的基本功能[10]，视觉和触觉只不过是他的原始状态。在这些方面，他与其他动物并没有什么区别。愿意与否、恐惧和希望是他灵魂第一个甚至是唯一的活动，直到出现新的情况才使他有了新的发展。

无论伦理学家如何阐述，人类的智力是由欲望产生的，我们都认为，智力又促进了他们欲望的满足和发展。正是在欲望和智力的相互作用下，人类的理性才得以完善。人类的享受心理促使他们对欲望进行更多的探究。我们很难想象，一个无欲无求又毫无恐惧感的人会热爱推理。因此，人类的需求催生了欲望，人类的认知促进了欲望的发展。一个人之所以希望拥有或者恐惧某个事物，是因为他们已经有了一些“不能触碰”的概念或者纯粹是因为本能发出了警告。野蛮人是没有任何理性认知的，他们只能感受到自然支配下的欲望，他们的欲望不会超出他们身体的需求范围[11]。在这个世界上，他们认为能够满足自己欲望的好东西就只有食物、同类异性和睡觉，而他们唯一恐惧的事情就是疼痛和饥饿，但是没有死亡，因为对死亡的认识和恐惧是人类在脱离自然状态之后才获得的认知。

为了说明这些，我举一些例子来证明以上看法。在世界各民族中，精神越丰富，人们对大自然或环境的需求就越多，那些随需求而来的欲望就越大。可以说，埃及艺术的发展壮大是因为尼罗河的泛滥，希腊的阿提卡沙漠和岩石地区的艺术根基比土地肥沃的欧罗塔斯河岸的艺术根基更稳固。我们还可以发现，北方比南方的人更加勤奋，因为他们必须这样努力劳作，否则就无法活下去。这一切似乎都在顺应大自然运行的规则，让那些智慧且精力充沛的人无法得到肥沃的土地。

实际上，即便没有这些不靠谱的历史证据，我们也能意识到野蛮人自身是无法脱离原始状态迈入社会做文明人的。原因在于他的想象力无法为他描绘任何东西，他的心也无欲无求，他的那点微弱的需求，很容易就能被满足，他的知识层面还没有达到促使他去追求更高需求的程度。因此他对这些需求，没有任何预测和好奇心。他对大自然的景象已经相当熟悉，所以对这里发生的一切都漠不关心。这里的万物几乎没有任何改变，一直维持着一个样子。即使是不同寻常的事情出现在他的面前，他也能冷静地去面对。从他身上完全看不到人类需要的那种哲学方法，因为，他从不会观察周围事物，他的灵魂从未被外界发生的事情触动，他唯一关心的就是现在如何生存下去，而且从不考虑将来的事情，即便是明天的事情，他也从不考虑。他的日常行为毫无规划可言，对于天黑之前需要做什么事情，他都不曾思考过，正如现在生活在加勒比海的人一样，白天卖了自己的棉被，晚上又痛哭流涕地买回来，因为他们从未想到晚上还需要用棉被。

对于这个问题，我们深入研究之后发现，纯粹理性与初级知识之间存在的差距过大。人类如果不和人交往也没有需求上的刺激，单靠自己的力量跨越如此大的鸿沟，是很难令人想象的。需要经过多少岁月，人类才能知道除了天火以外还有其他火种？在人类学会火种的用法之前，需要经历多少种偶然的因素？在他们学会生火技术之前，又经历了多少次火种的熄灭？这些秘密又有多少次随着发现者的死亡而消失？我们要如何看待农业呢？农业是一种需要付出大量劳动和规划的技术，还需要其他相关技术的配合，因此，农业只有在人类步入社会状态之后才会出现。从事农业，可以让土地生产我们需要的庄稼，也能让土地按照我们的预期被使用。但是，我们假设自然生产的食物已经没法满足人类日益增长的需求，同时这种假设还可以表明这一生活方式对人类是极其有利的。之后，劳动工具在没有炼铁厂和制造厂的情况下突然出现，成了野蛮人手里的工具。如果他们都克服了对于无限制劳作的厌烦情绪，便开始规划他们将来可能需要的东西，然后，他们根据假想学习如何耕耘、播种以及种树，之后他们又找到了磨面粉和酿酒的技巧。上帝教会了他们所有的一切，否则我们很难想象他们能够自己学会这些技术。但是，如果他们每次辛勤劳动种出来的食物随时都有被其他人或者其他动物抢空的危险，那么他们就不会再去种粮食了。如果他们已经预测到了他们种的粮食今后很难保存在自己手里或者无法满足自己的需求，那么他们还会继续种下去吗？因此，在自然状态下，土地还未分配到他们手里之前，他们是不可能去耕种那些明知得不到收成的土地的。

假如野蛮人在思维方面真的和接触过哲学知识的我们一样，假如野蛮人真的像哲学家所说的那样，能够独自发现深奥的真理并进行哲学阐释，可以从对普遍规则的热爱和造物主的意志中，提炼出富含正义和真理的格言。简而言之，就是将野蛮人假定为一个富有智慧和理性的人，尽管他们实际上还是那么愚钝。那么人类能够从这些既不能用于交流，又可能随着发明者的死亡而消失的哲学思想中获得什么好处呢？如果和其他动物一起在丛林中生活，人类又能取得什么进步呢？那些既没有固定的住处，又对同类没有任何需求的人类，可能在他们的一生中极少和同类打交道，那么他们怎么才能相互完善和启发呢？

大家可以想一下，人类的思想有多少需要语言的交流才能产生？

而语法又是在多大程度上训练了我们的大脑？再想一想，在语言被正式发明出来以前，人类努力了多少个世纪？只要我们有意将这些想法和前面所说的观点结合起来，就可以发现：要经过多么长的时间，我们人类的大脑才能形成精神活动。

接下来，请允许我谈一谈语言是在怎样艰苦的条件下产生的。这里，我只想重申一下孔狄亚克神父对于这个问题的看法，因为我的看法和他的一致，或者说我因为受到他的影响，才对这个问题有了最初的看法。但是这位神父在研究符号系统时采用的方法，是我难以认同的，因为他把我认为应该论证的地方当作他论证的假设的前提，因为我对在语言发明之前人们就建立了某种形式的社会是心存质疑的。因此，我将结合我自己的观点和这位神父的观点，结合本文论题来讨论语言在产生途中遇到的难题。第一个摆在我们面前的难题就是：语言产生的必要性。因为在自然状态下，人类之间并没有联系，也没有联系的必要，所以从这一点来看，我们很难想象语言是由人类所发明的。通常情况下，我们会认为从家庭环境下的父亲、母亲、子女之间的交流中可以找到语言产生的源头。这就大错特错了，因为这种想当然的观点已经犯了研究自然状态人群时所具有的通病，即将社会状态下的观念带入研究自然状态下的情景中。我们要知道，在社会状态下，人们由于共同利益的结合而聚集在同一个住所，成立家庭，并建立了亲密的联系。这种情况在自然状态下是不存在的。因为，在自然状态下，野蛮人没有固定的居所，也没有任何形式的财产，因此，他们都是随地休息，而且在同一个地点，他们往往只待一次。男人和女人的交配也很随意，通常是在他们本能反应的驱使下进行的，并且进行交配时他们之间并不需要进行语言交流，交配之后，他们就各自分离，从此形同陌路[12]。同样，母亲给孩子喂奶，是这位母亲生理上的需求，这种哺育后代的习惯使母亲喜欢上了这个孩子，随后母亲的哺育行为才是出于孩子的需求进行的。但是，如果孩子拥有了独自寻找食物的能力，他便会离开母亲。如果要保证孩子与母亲一直生活在一起，那么唯一的办法就是让母亲时刻看着孩子。因为，一旦孩子离开母亲，很可能他们一辈子就不会再次见面，用不了多久，他们就会把对方忘了。此外，由于孩子对母亲的需求大于母亲对孩子的需求，因此，孩子对母亲说的话比母亲对孩子说的话多。就语言产生的动力看，孩子们要比母亲发挥的作用大，而且孩子们使用的语言也大都是自己原创的。这就表明随着人数的增加，语言的种类也在增加，而那时的人又没有固定的居所，这就导致没有一套连贯性的语言体系保存下来。虽然是母亲教了孩子一些词语，让孩子们能清晰地向她表达自己的需求，但是，这只能说明母亲教了孩子一套已经成型的语言，而没有说明语言是如何产生的。

假设上述困难已经解决，我们暂且不去考虑纯粹自然状态和对语言的需求之间的巨大障碍。接下来，假设人类对语言有需求的前提下[13]，我们还需要解决语言是如何产生的问题。这时，我们就会发现这个问题比第一个问题还难解决。因为如果说人类需要语言才能学会思考，那么发明语言就更需要思考。而且，即使我们知道人类是通过声音的传播来交流思想的，我们还需要进一步思考，对于那些既没有实体物的存在，也不能通过手势和声音进行表达的抽象物质，是通过什么方法在人类之间传播的呢？因此，对人类之间思想交流和精神交流的起源的探讨，我们很难做出一个令人信服的猜测。作为一门高深的艺术，语言的产生已经很久远了，但我们的哲学家们还是在距离语言完善化很远的地方去探索它，因此没有一个人可以大胆地得出语言已经完善化的结论。即使历史上的变革没有对语言的发展产生不良影响，即使学者们都消除或压制了自己的偏见，用几个世纪的时间来深入研究这个棘手的问题，这样的结论恐怕也不会有人敢说出口。

哭喊是人类出生后的第一种语言，也是为了引起周围人群注意而使用的最常见的、最有力量的和唯一用得到的语言。人们在紧急情况下会本能地发出哭喊声，因此它在人们请求别人缓解自身痛苦或遇险求救时最为有用。但是，在人类的情绪比较稳定的日常生活中，这种语言并不多见。后来，人类的思想开始不断地拓展和丰富，人与人之间的交流也日益增加，因此他们为了满足日常沟通的需求，就发明了更丰富的符号和一种更灵活的语言：他们调整声音的语调，又用上了变化多端的手势；手势本身就具有很强的表达力，通常表达的含义也不需要提前定好。因此，对于那些存在实体、能看得见的东西，人类通常用手势来进行交流；对于那些能听得到的东西，人类通常用拟声来交流。然而，手势存在一个缺陷，那就是它只能表达那些身边的、容易描述的和看得见的东西，而在黑暗里或者中间有东西阻挡视线时，手势就派不上用场了，而且使用手势时还需要对方的配合，因此，人们并不是在任何时候都会使用手势。后来，手势被人们设法用声调的变化代替。将不同声调和不同的概念相联系，就可以像特定的符号那样表达那些概念。但是，这种替代方法必须取得大家的共同认可才方便使用。而且，这种替代方法对那些从未经过训练和发音器官过于粗糙的人来说，使用起来是非常困难的。况且，这种替代方法还需要征得他们的同意，这就更加困难了。因为，只有大家对使用语言的需求达成共识时，语言才能得到推广。

我们可以推断，人类刚开始所用的寥寥无几的词汇的词义要比语言正式形成后常用词汇的词义丰富。因为，在他们的脑海里，没有词汇分类和句子结构的概念，因此他们日常使用单个词汇往往就包含了一整句话的内容。后来经过艰辛的努力，他们逐渐意识到了主语不等同于表语，动词不等同于名词。而这时，名词只包含专用名词，动词只包含不定式这一种时态[①]。与其他词类相比,形容词的概念发展得更为艰难，因为任何一个形容词都是一个抽象的概念，而对事物进行抽象化提炼并不容易，需要人类付出许多后天的努力。

起初，每个东西都有一个不同于其他东西的名词称呼，但没有性质和种类的区分。因为，这个名词的创造者那时还不能区分这两者。那时，人们都孤立、静止地看待每个个体，把他们都当成大自然景象的复制品。如果一棵橡树取了一个名字，另一棵橡树就会取另外一个名字[②]。从这里，我们可以发现，人们知识积累得越少，他们创造的词汇就越杂乱。要想解决上面的问题，对名词进行分类，并不是一件简单的事情。因为对各种东西按照同一性质、共同特征去分类的前提就是要弄清楚它们各自的性质和差异，然后进行大量的观察和归纳分析，综合得出一个概念。但是这些工作必须由那些有着丰富自然史和哲学知识的学者完成，而那时的人类显然是没有这个能力的。

此外，事物的概念普遍需要以词汇的形式储存在我们的大脑中，而对于这些词汇的理解又需要借助句子。其他动物之所以不能形成类似概念，也无法利用这些类似概念进行自我完善的原因大概就是这样。如果一只猴子为了另一个坚果而抛弃了手中的坚果，我们是否能认为猴子对坚果有了一个概念，并用其心仪的原型和那两个坚果进行了对比呢？显然是不能的。但是，猴子看到其中一个坚果时，就必然会想

① 动词不定式现在时态。

② 他们把这两棵橡树看作两个不同的东西，并未概括出两者的共性。而这一工程需要人类付出很长时间的努力。

起对另一个坚果的感觉，它的眼睛会以某种方式将这种感觉传送给它的味觉。任何一般概念都是纯精神的，只要人类稍加想象，这个概念就变成独一无二的了。如果你只想画树的一般形象，那么你很快就会发现画不出来。因为，不管你是否情愿，都得在脑海想象树的高低、枝叶是否繁茂、颜色深浅如何。如果只知道一些树的共同特征，是无法画出树的形象的。完全抽象的东西也是一样，只有通过语言才能了解它。三角形的定义就可以让你了解三角形的真实概念，你在脑子里想象的三角形是一个特定的三角形，而不是其他的三角形。如果你需要把脑子里的三角形的边和角都描述出来，这时，就不得不借用语言这一工具说出完整的句子。因此，对一般概念进行描述就必须借用语言这一工具，因为想象结束后，就只能借助语言将其表达出来。如果当初发明语言的人只能用名词给他们已知的概念命名，那么最初的名词也必然是一些专有名词。

当新语法学家用一些超出我想象的方式去丰富这些词汇的概念和推广这些词汇的用法时，必然会受到那些无知的语言发明者的阻碍。由于刚开始他们不知道事物的性质和种类的区别，于是为了描述某一个体，他们发明了大量的词汇。然而，他们又没有对这些个体的区别进行考察，导致几乎没有关于词汇的性质和种类方面的总结。为了将这些个体的种类划分得更加精确，需要大量的经验和知识，并付出更多的努力，而这些都是当时的他们不具备的。我们直到今天还会发现有许多之前没有注意且没有名字的新东西，而对那些仅仅依靠事物的表象就做出判断的人，又有多少新的东西还没有被他们注意到呢？想必，他们也必然忽略了那些最原始和最普遍的概念。例如，关于物质、精神、本质、句式、修辞、运动等词汇。对这些词汇的理解，即使是那些使用它们很久的哲学家也很吃力。而且，这些词汇的概念又都是抽象的，在大自然中找不到任何对应。由此可知，当初的人们又怎么可能想象得出或理解这些词汇呢？

这一部分先讨论到这里，我想先打断一下各位评审员对我论文的阅读。接下来，我仅仅探讨在语言中最容易被发现的那部分（拥有形实体的物质）名词是怎样被创造的。请各位评审员思考一下，需要多长时间才能发明出那种能够表达人类所有思想，拥有一个稳定形式而且能够得到广泛传播并对社会有影响力的语言？也请各位评审员再想一下，需要多长时间和多少知识才能创造出数词[14]、抽象名词、希腊文中的不定过去时以及法语动词的各种时态、词缀和语法，并将不同分句组成语言，有逻辑地连接起来？就我个人而言，我已对如此多的困难感到恐惧，而且我想仅通过人类自我发展的途径是不可能形成语言的。因此，我将给那些想要研究这些问题的人留一个疑问：究竟是社会加速了语言产生，还是语言出现在社会之前并促进了社会的产生？它们之间哪一个的存在更有必要呢？

不管社会和语言是如何产生的，我们都可以发现，大自然并没有因为人类相互需要而拉近彼此的距离，也没有让人类轻易地学会使用语言。通过这些就可以看出：大自然并不希望人类社会化，同样大自然对人类之间努力建构的联系提供的帮助也不多。实际上，在自然状态下，一个人对另一个人的需求如果比一只猴子或一匹狼对它们同类的需求更为紧迫，那将是令人不可思议的一件事。我们很难想到另一人为什么要去满足这个人的需求，或者即使另一个人愿意满足这个人的需求，那他们的想法是如何达成一致的呢？我知道人们一直在不断诉说：自然状态下的人类比在其他环境中生活的人类惨得多！如果我之前的论证是正确的，人类是经过若干世纪才有脱离自然状态的意愿和机会的，那么我们就只能怪自然，而不能怪被自然创造的人类。如果我对“悲惨”一词的理解正确的话，我会认为这是一个没有意义的词汇，它表达的只不过是那些失去的痛苦和身体或精神遭受的痛苦。是否有人给我们解释一下：什么类型的事能使一个自由、安宁、身体健康的人感受到痛苦呢？另外，在自然状态和社会状态两者中，哪一种状态最终会使生存在这种状态下的人难以忍受呢？我们可以容易地发现，在我们的周围有许许多多对自己的生存状态抱怨的人，甚至还有人认为与其饱受生活之苦，不如死了痛快。即使是将神的规则和人类的法律相结合，也无法阻止这种骚乱的发生。请问一下，你们有谁曾听过一个自由的野蛮人因生活的痛苦而自寻短见呢？

因此，请抛下我们的偏见，认真地评判一下哪个状态的人类更加悲惨。野蛮人如果来到社会状态下，会被种类不同的知识弄得头昏脑涨，会被欲望百般折磨，会被不适合的生活状态弄得痛不欲生。这是上帝对野蛮人的恩赐，野蛮人所拥有的各项能力都是随着他们不断地运用而完善的。因此，他们这些能力既不会因过早完善而变得多余，又不会因过迟使用而在需要它们时不起作用。野蛮人拥有的本能足以满足他在自然状态下生存的一切需求。而且，野蛮人只有培养出理性之后，才能逐渐学会在社会状态下生存所需要的技能。在自然状态下，人类互相之间并没有任何道德上的关系，也不存在共识性的义务，因此，这些野蛮人并没有好人或者坏人之分，也没有邪恶和美德之分。只有从生理层面来理解这几个词，我们才能将那些威胁到人类生存的品质称为“邪恶”，而将那些有利于人类生存的品质称为“美德”。如果是这样的话，我们需要把那些不会反抗大自然控制的人评为“最有美德的人”！但是，如果我们想用这些词常用的意思来理解他们，现在就不能轻易下结论，而且要摒弃掉我们所有的偏见，公正地去判断：在社会状态下，人们的美德是否多于他们的邪恶？或者他们是否认为美德的益处多于邪恶的坏处？抑或他们学会与人为善之后，增长的知识是否抵消了之前的互相伤害？又或者说，人是生活在既不担心别人伤害自己，又不指望别人对自己和善的环境下幸福，还是处在依附地位，听从那些对他们不负责却要求他们履行义务的人的指挥幸福呢？

特别是，我们不可去认同霍布斯宣称的“人性恶”的观点。霍布斯认为：由于人类对善的观念和美德没有认知，因此，人类天生就是邪恶的；人类对他们的同类从不提供任何帮助，是因为他们不认为彼此之间存在义务。他还主张：人类理所当然地获取所需之物，是因为人类觉得自己能主宰这个宇宙。虽然霍布斯明白了现在所有有关自然权利的定义存在的漏洞，但是他自己对自然权利定义的解释也存在错误。在他构建自己的论证体系时，本应该提出这样的论点：在自然状态下，人类对自我生存的保护并不影响别人对其生存的保护，因此，在自然状态下，人类彼此之间保持着和平，而且人类也很适合生活在这种状态下。但是，霍布斯的观点恰恰与此相反。在霍布斯建立的推理准则中，他将人类的各种欲望需求强加到野蛮人的自我生存需求中。这些欲望在自然状态下并不存在，而是在社会状态下生存的人类才有的。实际上，社会状态催生了各种欲望，为了规范这些欲望，法律才由此诞生。霍布斯认为恶人是一个身体健壮的孩子。那么，我们试想，野蛮人到底是不是一个身体强健的孩子呢？如果我们按照他的观点来看会得出什么结论？如果一个身体强健的孩子，还是像他柔弱时那样只会依赖别人，那么还有什么骄纵的事情他做不出来呢？如果他的母亲没有及时给他喂奶，那么他就会对他的母亲大打出手；如果他讨厌他弟弟，就会将弟弟掐死；如果别人碰到他或不小心打扰了他，他就将别人的腿咬断。但是，我们会发现：自然状态下人类身体强健的观点和自然状态下人类依赖别人的观点是相互冲突的。因为如果人类依赖别人，那就说明他们不够强健。如果他们是强健的，那么他们就不需要依赖别人，可以独立生活。霍布斯还不知道，我们的法学家主张阻碍野蛮人使用理性的原因，正是他宣称的阻止野蛮人滥用他们本能的原因。

综上所述，我们认为野蛮人不是恶人，原因在于他们并不知道什么是“善”，而抑制他们“作恶”的，我们与其说是理性的发展或是法律的制约，不如说是欲望的消减以及无善恶观念的内心。他们因为不知道“恶”而获取的益处要远超于那些在“善”的认知中获取的坏处。另外，霍布斯还忽略了这样一个原理：人类天生不愿意看到同类受苦，因此在他们追求自己的幸福时往往会考虑到是否使他人受到了损害。正是这种心理，使人类有些时候会放下自尊心[15]或者克制自尊心诞生之前的自爱心。

我认为怜悯心是人类唯一具有的自然美德。这一点，是无可争议的，就连那些对人类美德嗤之以鼻的人也不得不承认。怜悯心是我们这些柔弱并最容易受苦的人最应该具备的、最合适不过的品质，而且它也是人类普遍拥有的、最有益处的美德。怜悯心早在人类大脑学会思考之前就已经存在了。它是自然的本性，甚至连其他动物有时候都会有怜悯心。我们先不说母亲对孩子的关心，也不说母亲在保护孩子时会不顾自己的安危。我们经常发现：马不愿意从一个活着的动物身上踩过，没有一个动物从死去的同类身边走过时不感到痛心，有的动物还会以不同方式埋葬它们死去的同类，动物被杀时发出的哀鸣则是向世人诉说它们可以感受到伤痛的恐怖。《蜜蜂的寓言》的作者承认人类是一个有同情心、会产生情感的生物。他那冰冷、隐秘的笔锋终于转向温情。他描述了这样一个饱含情感的画面：一个被关押的人，看到一头凶猛的野兽夺走了一个母亲怀里的孩子，用它那锋利的牙齿撕咬着孩子的四肢，用爪子剖开孩子正在跳动的心脏。虽然面前的这场悲剧与自己无关，但是这个关押的人心里也会感到悲伤和害怕。在自己亲眼看到这种情景却不能为这对母子提供任何帮助时，他的内心是何等不安与难过？

这是早在思维产生以前就存在的纯粹的大自然的心灵感应；这种天然的怜悯心，即使是最败坏的道德也不能摧毁它。我们在剧院里每天都会为剧中遭遇不幸的人感到伤心难过，但是，假如这些人成了暴君，他们就会反过来疯狂地折磨自己的对手[①]。曼德维尔已经发现，如果没有大自然给予人类的怜悯心支撑他们的理性，那么，即使人类有成千上万种美德，他们也终究会成为魔鬼。但是，曼德维尔却没有发现，被他否认的一切社会美德的本源人人都有，而且他提倡的那些美德都是从怜悯心这个品质中衍生出来的。确实是这样，如果没有对弱者、罪人和全人类怀有的怜悯心，那么我们所说的慷慨、包容和人道就无从谈起。从某种意义上说，仁慈和友谊都只不过是怜悯心的衍生物而已，因为，这些都是对某个特定对象产生的持久的怜悯之心。如果我们希望一个人没有痛苦，换言之，不就是希望这个人过得幸福吗？所以说怜悯心是让我们站在遭受痛苦的人的处境上，为他们着想的。这种设身处地为他人着想的表现在野蛮人心中虽然隐秘但很强烈，而表现在文明人心中是明显但很微弱的。实际上，如果旁观的动物能

① 就算是杀人如麻的苏拉，也会为那些不是由他造成的痛苦伤怀；又如菲尔的暴力统治者亚历山大，他对他每天下令杀死的人们所发出的痛苦惨叫无动于衷，但他却不敢去剧院看悲剧，因为他担心，他和安德罗玛克、普里亚莫一同叹息时会被人们发现。

“自然给予人类眼泪的同时也赐予了人类最好的礼物，那就是一颗无比仁慈的心。”

感受到和正在受苦的动物一样的痛苦，那么它的怜悯心就会更加强烈。显然，这种感同身受的程度在自然状态下要比在社会状态下表现得更深刻。理性使人产生了“自尊心”，而大脑的思考则促进了它的发展。理性使人类仅仅关心自己，使人类远离了所有的拘束和痛苦。人类正是通过“哲学”这一方式脱离所有拘束和痛苦的。“自尊心”通过理性隐晦地向那些正在遭受痛苦的人传达一种冷漠的思想：没人阻止你去死，只要我是安全的就行了。只有这样的状况才能够把哲学家从床上拽起来，而让哲学家清醒的就只有整个人类社会的安危了。人可以不负责任地将其他人杀死。杀人凶手只要用手捂住自己的耳朵，然后稍微为自己开脱一下，便可以使大自然赐予他的怜悯心不再对他伤害的人有效。野蛮人没有如此高级的天赋，他们天生缺乏知识和理性，总是依靠大自然赋予人类的本能做事。当社会发生骚乱或有人在街边吵闹时，平民们总是急匆匆地去围观，而谨慎的人则会默默地离开混乱地点。而这时，将打斗双方拉开，阻止那些虚伪的正义者继续厮打的人，往往是那些贫穷的小市民和推着售货车的妇女。

实际上，怜悯心是一种自然赋予的情感，它可以抑制每个人只关心“自爱”，进而促进整个人类的生存繁衍。怜悯心促使我们为那些身边遭受困难的人提供帮助。在自然状态下，怜悯心替代了法律、风俗、道德，发挥着它们的作用。而且，没有任何人会拒绝听取怜悯心那温柔的召唤。每一个身体强健的野蛮人都不会去抢夺年幼的孩子或者年迈的老人辛辛苦苦获得的食物，而是选择去远处寻找需要的东西。理性和正义遵循的崇高法则是：以你想要被对待的方式去对待别人。与之不同的怜悯心遵循的准则是：追求自己的利益时，不要损害其他人的利益。后者可能没有前者完善，但是要比前者更有用。因此，如果我们想去寻找为什么人们在没有接受教育时，也会在做坏事时心存内疚的答案，就不应当一头扎进那些高深的论著中，而应去自然情感中寻找。虽然人们可能认为苏格拉底和那些追随他的有素养的人讨论的那些推论是对的，即通过理论可以获得美德，但是如果人类的生存问题仅仅依靠人们的那些推理就能解决的话，那么人类可能早就灭亡了。

能够引起野蛮人欲望的东西十分稀少，再加上怜悯心对他们的约束，因此，即使他们表面看上去是邪恶的，但实际上他们并无恶心，只不过是野性多一些罢了。他们更多关心的是如何使自己免于伤害，而不是如何加害于别人。他们彼此之间很少进行交流，因此也很少发生危险的争吵。他们不知道什么是面子，也不清楚怎样才能凸显自己的高贵或蔑视他人，同时他们之间也不存在“你”和“我”不同的观念，更没有真正意义上的正义感。他们将自己遭受的暴行当作很容易恢复的伤害，而不是应该惩处施暴者的侮辱。因此，他们也没有报复心理，最多只不过就是无意识地做一些反抗动作，就像狗会疯狂地咬那块砸到自己的石头。因此，在他们之间，没有什么事情要比争夺食物更敏感、更容易引发冲突了。这样，他们之间的争执也很少以头破血流来做结尾。但是，有一种话题比较特殊，下面我要专门介绍一下。

在各种能够激发人类欲望的原因中，异性是一种最容易引起人类狂热战斗的重要因素。为了获得异性来满足自己的需求，人类可以不顾一切地克服所有困难。这种对异性追求的疯狂欲望足以毁灭人类。但是，异性的存在是大自然希望人类能够繁衍下去的依据。如果人类为了自己毫无节制的欲望，做出一些疯狂的事情，以至到了放弃节操，为争夺异性而弄得血流成河的地步，那么他们的命运将会是什么样子呢？

首先，我们要清楚，人类的欲望越是强烈，就越是需要法律来进行节制。但是，有了法律之后，我们发现每天还是会有许多因欲望引发的混乱和犯罪。那么，我们应该进一步思考，除了用于克制混乱和犯罪的法律存在缺陷之外，关于这方面法律的制定行为是否存在问题？或者说，是否是法律造成了这些混乱和犯罪？因为，对于某些混乱和犯罪，法律可以有效地进行约束，但是也存在一些没有相关法律就不会存在的混乱和犯罪。那么对于这些问题，法律的存在就产生了不良的影响。

其次，我们将感情中的“爱”区分为生理层面的爱和精神层面的爱。生理层面的爱是每个人都有的，具体指不同性别之间的人相结合的欲望；而精神层面的爱是指人将他们的欲望放到一个特定的对象上，或者是一个对其欲望更加强烈的对象身上。因此我们能够发现，精神层面的爱必然存在于社会状态下而非自然状态下，是一种人为的感情，受社会习惯影响产生。女性费尽心思宣扬精神层面的爱，为的就是增强社会威信，来改变自己地位低下的现状，获取感情上的统治地位。精神层面的爱是建立在能力或者美貌等观念上的，但是野蛮人对这些观念一无所知，并且他们也不会依据能力或美貌等观念去对比异性，因此，对野蛮人来说，精神层面的爱毫无意义。因为在他们的观念里，没有苗条和得体等抽象概念，所以他们也不存在欣赏和爱慕别人的感情。这些感情虽然隐秘，但是，是在这些观念存在之后才出现的。而野蛮人只受大自然赐予的天性控制，而不受他们所不具备的偏好影响[1]，因此，在野蛮人看来，所有的异性都是一样的。

野蛮人只有生理层面的爱，而没有精神层面的爱，因此，他们

① 喜爱与厌恶的情感。

没有追求爱情的狂热之情，生活得十分快乐。这种狂热只会刺激人们对爱情的偏好，从而增加获得爱情的难度。那个时期的人类的脾气十分温和，也很少发生争吵，即使他们之间发生争吵，也没有那么残酷。社会状态下的人类遭受着欲望的百般折磨，在自然状态下，野蛮人是没有这种痛苦的。每一个野蛮人都静静地等着天性复苏，然后对一个异性投入自然的爱。他们的需求如果得到了满足，欲望也将随之消失。

因此，我们可以得知，对异性狂热的爱和其他欲望一样，都是在社会状态下才有的。正是因为在社会状态下，人类对异性的爱才会达到疯狂的程度，才有可能会给人类带来毁灭性的危险。有种观点认为：野蛮人为了满足其兽性的需求而不断相互厮打，这种观点是站不住脚的，因为它与实际情况相违背。加勒比人是至今所有民族中最接近自然状态的人，尽管他们生活在最符合情欲发展的炎热地带，但是他们在感情的发展中很平静，并不曾产生过嫉妒心理。在许多动物种类中，雄性为了争夺雌性而打得头破血流，或者在春天的森林中雄性的鸟类为争夺雌性而发出种种叫声。从这些现象中，我们可以首先排除那些大自然赋予它们的不同于人类的两性能力对比关系的动物。因为，从公鸡之间的争斗中，我们是不能做出适用于人类的推论的。在雌雄动物数量比例相差较大的物种里，我们可以发现，它们之间的争斗大多是因为雄性动物的数量远超雌性动物的数量，或者是因为雌性进入排斥雄性的过渡期。后一个原因实际上和前一个原因是一样的，因为每个雌性动物如果每年只有两个月时间愿意和雄性动物进行接触，那在一定程度上说，相较于雄性动物，雌性动物的数量就少了六分之五。但是，这两个原因在人类中是不存在的。因为，在人类两性数量的对比中，女性的人数通常是多于男性的；而且，即使是生活在自然状态下的野蛮人，也没有发现女性和其他动物一样有发情期和休止期。另外，我们发现有好几种动物都是集体进入发情期的，这就会导致在这段时间内经常出现纵欲、混乱无序、相互争斗的现象。然而，这种现象在人类之间也是不存在的，因为人类的欲望没有周期性，也就不会受其限制。因此，从雄性动物为争夺雌性动物相互厮杀的事实中，我们并不能推论出这些事实也适用于自然状态下的人类。即便是能得出这种结论，我们也能肯定的是：这种争夺没有导致其物种消失，所以也不会导致人类灭亡。而且，这些发生在自然状态下的争斗带来的危害要比发生在社会状态下带来的危害小，特别是比发生在那些道德观念比较强的国家带来的危害要小。因为，在那些道德观念浓厚的国家里，每天都会发生由情人的嫉妒和合法配偶的报复而引起的各种决斗、谋杀或者更为凶险的事情。在那里，一直自认为坚守忠贞的人却成了通奸的推动者，而限制欲望和鼓吹荣誉的法律使得淫乱和任意堕胎的行为不断出现。

综上所述，我们可以认为：整天在森林中穿梭的野蛮人，没有工业、语言，也没有固定的居所和战争；他们之间没有任何交流。因此，他们对其他同类没有任何需求，也没有伤害其他同类的意图，而且很可能他们一生都不会主动去认识一个同类。野蛮人很少为情感而痛苦，他们单靠自己就能够生存下去，而且他们只有与自然状态相适应的情感和知识。他们也只能感知自己真正的需求，只关心他们感兴趣的事，而且他们的知识也没有比他们的想象得到更多拓展。即使他们发明了某些东西，也没有办法将发明的东西告诉别人，因为他们连自己的孩子都认不出来。所有的发明都随着发明者的死亡一起消逝。在自然状态下，野蛮人没有接受教育的条件。相比上一代，他们不会有任何进步，只是周而复始地生存繁衍；经过无数个世纪的时光的流逝，野蛮人还是原来的模样，虽然他们的种族存在了很长时间，但他们依然还是那样无知和幼稚。我大费周章地来论证原始状态下的这一假设条件，主要是为了让我们摒弃过去那些谬误和固执的偏见。为了探索这个问题的根源，就必须要找出真正自然状态下的不平等现象。自然的不平等并没有像我们的学者所说的那样无比真实且有着非凡的意义。

事实上，在区分人类差异的过程中，我们很容易就会发现，有很多原本属于人类在社会中养成的差异，被误认成是由大自然导致的。但是，一个人的身体是强壮还是柔弱，一个人的脾气是急躁还是温和，往往是由他的生活教育环境决定的，而非由他的身体构造决定。智慧也是一样的，不仅接受过教育的人和未接受过教育的人之间有一定差别，而且受教育程度的不同也会使人与人之间产生差异。因为，一个个子高的人和一个个子低的人一起走路时，他们每走一步，都会拉大前者与后者之间的距离。我们将视角转换到人类社会：在社会状态下，教育和生活方式的差异导致了人类群体内部逐渐出现等级；而在自然状态下，野蛮人和其他动物的生活还是简单纯粹的——他们吃着相同的食物，过着相同的生活，每天做着相同的事情。通过对比社会状态和自然状态下的两种生活，我们就可以发现生活在社会状态下的人类之间的差异要比生活在自然状态下的人类之间的差异复杂很多。因此，我们有理由认为导致人与人之间的差异的根源是社会，而加剧自然不平等的根源在于制度的不平等。

如果是像人们认为的那样，大自然在给人类分配天赋时就存在偏心，那么在人与人之间不存在任何交流的情况下，受到偏爱的人怎样才能获得比其他人更多的好处呢？在自然状态下，野蛮人之间不存在爱情，他们对“美丽”也没有任何认知。由于他们之间从不交流，因此思考对他们来说并没有什么作用；由于他们之间也不存在交易行为，因此精于算计的头脑对他们来说也没什么用。我总能听到有些人宣传强者压迫弱者的言论，那么我想请这些人给我讲讲到底什么是“压迫”。有些强者通过暴力实行统治，他们可以胡作非为，而弱者只能默默地服从他们的残酷统治。这也是我们通常在现代社会中看到的景象。但是，我想反问一下：这种现象在自然状态下的野蛮人之间存在吗？他们知道到底什么是压迫和奴役吗？我想答案是否定的。在自然状态下，一个野蛮人可能会去抢夺另一个野蛮人手中的果子、猎物或者居住的地方。但是，对一无所有的野蛮人来说，他们用什么强迫别人，让别人服从自己呢？假如我生活在自然状态下，有人将我从一棵树上赶下来，那么我还可以去其他树上；有人侵占我生活的地方，那么我也可以去其他地方。是否会存在这种情况：一个比我强大，但是十分低俗、懒惰、粗暴的人，在他无所事事时，让我累死累活地为他寻找食物？如果有这种情况，他肯定得一天到晚盯着我，就算是晚上睡觉，他也得用绳子将我绑住，防止我逃跑或杀害他；这样，反倒是给他自己增加了痛苦，而且这些痛苦可能比我遭受奴役的痛苦还要多。如果是这样，他就得时刻提心吊胆，我可以趁他精神不集中的时候制造一个巨大的声响，然后趁他转头去查看的工夫逃进森林，在远离他的地方（二十步的距离就可以），将绑在我身上的绳索弄断。这样，我就可以永远地离开他，他也再也找不到我了。

在此我就不需要再讲过多的细节了。从上述情况中，我们每个人都能清楚地看到：正是人与人之间的相互依赖和彼此的需求将人类捆绑在一起，才导致了奴役关系的产生。如果一个人足够独立，能够做到不依赖别人，那么他就不会被奴役。而且，奴役关系在自然状态下并不存在。因为，在那种状态下，人与人之间不存在任何压迫，即使是弱肉强食的法则也不能发挥任何作用。

综上所述，我们可以发现，在自然状态下，人类之间的不平等是极为罕见的，甚至可以说是不存在的。因此，接下来，我将要找出人类不平等的根源以及它在人类思想持续发展的过程中是如何演变的。前面我已经论证过人类的自我完善能力、社会道德以及人类各种潜在的能力是不可能自主发展的，它们必须依靠外部多种因素的综合影响，才能得以完善。而这些外部因素具有偶然性，因为它们可能永远也不会发生。如果这些偶然的外部因素没有发生，那么，人类有可能永远生活在自然状态之下过着野蛮人的生活。下面，我将要找出促使人类理性发展的那些偶然因素，然后进行对比分析。这些偶然的外部因素在促使人类理性得以完善的同时，也腐化了人类；它们在增加人类社会属性的同时，也使人类变得邪恶，然后将处于那遥远时代的人类和世界逐渐变成了今天的样子。

我认为，我论述的事件将以多种方式发生，因此，我的选择也只能通过部分猜测来进行。但是，我所做出的这些猜测都是以事物性质为基础、最贴近客观情况的猜测，而且当这些猜测成为我们探索真理的唯一途径时，推论的过程和结果也就具有了唯一性。因此，无论是我还是其他人，如果不按照之前的推论依据和推论过程论证上述问题，是得不出和我之前一样的结论的。

这样，我就不用想怎样才能用时间的巨大跨度来增强事件的客观性，也不用去想那些不值一提的原因的长久影响带来的庞大力量。对于一些假定事实，我不用担心它们被推翻，也不用考虑为它们提供确定性的基础。对于两个时间间隔很久的事件，中间可能穿插着一系列的中间事件。我们用什么方法才可以找出历史中的这些中间事件，或者怎样用哲学思维推导出使这两个事件产生关联的类似事件？最后，我再说明一下，那些又多又杂的事件之间存在共性，因此我们可以根据一定的标准将这些复杂事件进行分类。我们怎么做才能把这些分类控制到一定数量之内？对于上述值得深思的问题，我提出来的原因是为了让评审员了解，而普通读者则不需要在这些问题上面花费时间。

五、第二部分

如果有一个人圈出一片土地并占为己有，然后让一些幼稚单纯的人认可了这样一种事实，那么，这个人就是文明社会真正的开创者。然而，这时候，如果有另一个人将前面那个人圈土地所用的竹竿拔掉，或者将圈地的那个人挖的深沟填平，并且警示他的同类：不要相信圈地的这个人的鬼话，土地是我们大家所共有的，并不属于任何一个人，如果你们已经忘记了这些，那么你们是多么的可悲呀！这个反对者将使人类免于遭受许多罪恶、战争和屠杀带来的痛苦，也不用让人类承担那些灾难和恐惧的折磨。但是，很明显，所有的事情都已经发展到不可能再回到原始状态的地步了。因为，私有制观念不是一下子就在人类的脑子里产生的，在它产生之前，已经有一系列相关概念存在了。因此，人类在脱离自然状态之前，必须努力学习很多技能和知识，并将这些一代接一代地传承下去。所以，我们必须追溯到很久以前，以一个观点，通过最自然的顺序，去整理那些缓慢而逐渐变化的事件和人类持续获得的知识。

生活在自然状态下的野蛮人，首先能够感知到的就是自我的存在，唯一关心的问题就是他的自我生存。土地为他们提供食物以满足他们的需求，而他们在本能的驱使下去食用这些食物。一个又一个不同的生活方式在他们饥饿和其他欲望的催生下出现，其中便有一种保持人类生命永久延续的生活方式。由于野蛮人内心不存在任何情感，因此他们之间盲目的繁殖只是一种出于天然需求的纯动物行为。这些需求一旦得到满足，他们彼此之间便不再有交集。即使是孩子也是这样，一旦他们长大，便会离开母亲，从此不再联系。

这就是自然状态下原始人类的状况。此时的他们还只是拥有纯粹感觉的动物，大自然赋予他们的能力得不到利用，更别提从大自然中索取什么东西。然而，他们逐渐面临许许多多的困难，而且必须学着克服它们。例如，眼前的树木太高，摘不到自己想吃的果实；寻找食物时，有很多其他动物与他们争抢；他们每天面临着被那些凶残的猛兽吃掉的危险。种种困难不断迫使他们增强自己的体质，为的就是让他们在斗争中行动更加敏捷，跑步更加迅速。不久之后，他们学会了利用来自大自然的树枝和石头来武装自己。他们不断学习克服大自然中所有困难的技能，在必要的时候同其他动物进行搏斗，在同类中努力存活，或者在强者掠夺他们的东西之后想办法用其他的东西代替。

在人类数量不断增加的同时，他们开始面临越来越多的困难。面临土地、气候和季节的变化，人类不得不改变他们的生活方式。灾荒的年岁、漫长而寒冷的冬天以及炎热的夏天都不断地迫使人类掌握新的技能。因此，生活在海边或河边的人便发明了钓鱼的工具，比如，渔线和渔竿，从此他们便成了以鱼为生的渔民。经常在森林中活动的人成了善于制作弓和剑等武器的猎人或武士，生活在寒冷国家里的人，学会了身披猎物身上的毛皮来抵御寒冷的技能。天空中的闪电、大地上的火山或者其他偶然的因素让他们知道了什么是火，然后学会了生火，最后，他们用火将那些以前只会生着吃的食物做熟。

如果人和其他动物或者同类之间频繁接触，那么人类的脑子里必然会产生对某些关系的认识。我们可以用高大或矮小、快或慢、强大或弱小、勇敢或胆怯，或其他类似的词来描述这些关系。这些关系与人类生存的某些需求相对应，然后人类会下意识地留意和思考它们。

或者更确切地说，这引起了人类某种天生的警惕，而这种情感将提示他们要采取必要的措施来使自己的安全得到保障。

人类从这种发展中获取了新的认识，这增加了他们的优势，他们意识到自己在与其他动物的对比中有了长处，便开始设计陷阱，千方百计地引诱动物上钩。即使是那些比人类力量强大、奔跑速度比人类更快的动物，随着时间的推移，也能被人类驯服、使用或毁灭。正是因为这样，人类开始自以为是，产生了骄傲的心态。在他们对等级制度还一无所知的情况下，他们便认为他们是最优越的物种，并且将自己视为同类中最优越的人。

原始状态下的人类和社会状态下的人类对待同类的方法不同。原始人类和其他动物一样，很少与他们的同类联系，但是他们并没有忘记观察他们的同类。时间久了，他们发现他们与同类以及伴侣之间有很多相似点，然后根据这些已观察到的相似点又推断出许多他们尚未发现的共同点。在相同的情境下，他们发现同类做出的反应和他们一样，由此便认为他们的同类对事物的感知和想法也和他们一样。他们一旦承认并相信这个事实，一种随之而来的预感需要告诉他们：为了保护自身的安全和利益，他们需要按照最好的行事规则办事，即与他们的同类保持联系。这种预感和推理的准确性一样，甚至比推理更为直接。

人类从实践经验中得知：人类的行动只有一个动机，就是对幸福的渴望。因此，他们发现，为了共同利益，想要得到同类帮助的情况是极少的。而出于同类相互竞争的考虑，人类对其他同类失去信任的情况也是不常见的。在前一种情况下，人类通过部落形式结合在一起，或者以不同形式自由结合、聚集在一起，但这种形式对任何人都没有强制力，而且这种结合是以他们的共同需求为基础的，也会随着他们共同需求的消失而解散。在后一种情况下，每个人都在为自己的利益着想，他们认为当自己足够强大时，便可以直接使用武力来争取自己的利益，当自己比较弱小时，他们便可以靠着自己的敏捷和灵活来获取自己的利益。

原始人类通过这种方式，获得了一些相互约定的粗浅观念以及履行这些约定能获得好处的印象。但是，这种观念只会在他们面对当下重大利益的选择时才会出现，因为，他们是没有预见力的，不仅不会考虑遥远的将来，甚至即将到来的明天，他们也从未考虑。在这里，我们举个例子：处于原始状态下的人类一块儿去捕一只鹿，他们每个人都知道，要想成功地抓到这只鹿，需要他们各司其职，但是如果在抓鹿的过程中，有一只兔子从其中一个人面前经过，那么这个人便会毫不犹豫地去抓这只兔子；在他抓到兔子时，不论他的同伴是否抓到那只鹿，他都不会关心。

因此，我们可以看出，原始人类之间并不需要为了目前的交往关系而学习一套比那些成群的乌鸦或猴子的语言更为精致的语言。原始人类的语言在很长一段时间内都是由模糊不清的叫喊声、手势和一些模拟音组成的。但是，在不同地区，在这些基础上，人类又创造了一些特殊的叫声。就像我前面提到的那样，这些特殊的叫声是很难理解的，因此，那时候的人类形成了许多种独特的语言。这些独特的语言虽然简单但又不是很完善，和现存的几种野蛮人所使用的语言相似。由于从自然状态到社会状态中间经历了很长一段时间，再加上我要说的事又多又杂，最重要的是当初的人类的发展变化缓慢且无人知晓，因此我不得不在这里一笔带过。因为事件变化的过程太过缓慢，可用于描述这一过程的语言就会很少。

在取得了这些初步发展之后，原始人类前进的步伐变得越来越快。

随着他们的大脑越来越发达，他们掌握的技能也越来越完善。不久之后，他们就不再需要随便在一棵树上栖息，也不再需要躲进洞穴里避雨了。因为他们发明了坚硬而又锋利的石斧，他们用石斧砍树枝、挖土，然后用从树上砍下来的树枝搭建房屋，最后用泥糊在他们搭建的房屋顶部，并用黏土将房屋加固。这标志着第一次变革时代的来临。他们相互组建家庭，而且各自都有些属于自己的东西。这标志着私有制开始萌芽。但是，这些最早建造房屋的人类应该是那些强者，因为他们认为他们有足够的能力去保护自己的房屋。而那些弱者由于打不过强者，最后只能效仿强者，搭建自己的房屋。那些已经拥有房屋的强者不会去抢占那些弱者后来搭建的房屋，不是因为这些房屋不属于他们，而是因为他们觉得这些房屋对他们没有用，况且如果要抢占弱者的房屋，还得和屋主搏斗。

原始人类思维的初步发展是由丈夫和妻子、父母和孩子在同一住所之内居住和共同生活这一新的处境促成的。人类最柔情的一面由共同生活的习惯催发出来，那便是丈夫与妻子之间的爱和父母与子女之间的爱。通过这种方式，每个家庭都构成了一个小型社会，而且他们彼此之间的依恋和自由维持着这个小型社会的运转，所以处在这个社会的人类之间的关系变得越来越亲密。从那以后，男人和女人由各自独立且相同的生活方式转为分工合作的生活方式。女人开始长时间待在家里，看守自己的房屋和照顾他们的孩子；而男人则去外面，为整个家庭寻找食物。由于他们过上了一种比以前更加舒心的生活，因此，体现在他们身上的强悍和勇敢也逐渐消失。虽然他们在与野兽对战时体力不如从前，但是他们却比以前更能意识到团结的力量，懂得了联合起来共同对抗野兽。

人类在这种新的生活方式下过着简朴而又清寂的生活。因为他们的需求不多，再加上他们又发明了可以满足这些有限需求的工具，所以他们的空闲时间就非常多。相较于他们的祖辈，他们可以享受的东西就更多。然而，他们却没有意识到，这些舒适的享受就是添加在他们身上的第一道枷锁，也是他们的后代所受痛苦的根源。由于长时间享受舒适的生活，他们的身体和精神已经逐渐衰弱，长此以往，享受舒适的生活就逐渐成了一种习惯，直至最后，这些习惯使人类丧失了幸福感。而这种对幸福的追求也会转化为人类真正的需求，人类开始明白，得不到这种幸福的痛苦要超过拥有这些幸福所带来的乐趣。从此，人类只会因为享受不到而感到痛苦，却不会因为拥有舒适生活而感到幸福。

我们在这里可以清楚地发现，语言在每个家庭中是如何发挥作用并在不知不觉中不断被完善的。我们还可以思考一下，语言变得如此重要并得到快速的发展和应用，那些特殊因素是如何发挥作用的？而且人类对语言的需求越大，语言就会发展得越快。洪水和地震将人们居住的地区隔离起来，这些地区或者被水包围，或者变成悬崖峭壁。人们通常会认为，被迫生活在这种情况下的人类要比那些一年四季都在广阔的大地上或森林中四处奔跑的野蛮人，更加需要一种可以共同使用的语言，因此，很可能是在成功开启了航海新篇章之后，岛上的居民给我们大陆带来了语言；或者，在大陆产生社会和语言之前，各岛上已经产生了社会，发明了语言，甚至社会和语言都已经达到了相当完善的程度。

因此，所有的东西都开始变了。那些以前在森林里居无定所的人，如果有了固定的居住地点，他们就会被对方吸引，彼此靠近，以各种形式结合成部落，最后在每一个地区都会形成一个独特又团结的民族。是那些相同的食物、气候，以及相似的生活方式而不是当地的法律法规使这些不同的部落得以联合起来。与此同时，由于固定的住所形成了相对稳定的邻里关系，而这些邻里关系又促进了不同家庭之间发生某种联系。居住在邻近住所的异性人群很快就在自然的冲动下发生了临时关系，但不久他们之间的来往更加频繁，因此，这种临时关系也逐渐变得更加亲密和持久了。这时，人类开始观察不同的对象，并将这些不同的对象进行对比，于是他们在不知不觉中有了对“才能”和“美丽”的认识，进而又产生了一种“偏爱”的情感。由于他们已经习惯频繁见面，他们开始互相依赖而无法分开。一种温柔甜蜜的情感种子在心里生根发芽，但如果稍微遇到一点不理想的事情，他们的情绪就会变得十分暴躁和愤怒；嫉妒心是伴随着爱情的出现而产生的，一旦他们发生矛盾，即使是那最温柔的感情也会不可避免地造成人类的流血牺牲。

随着观念和情感的相继产生，以及人类精神的丰富和智慧的不断提升，人类开始越来越温和。他们彼此之间的关系逐渐变得又多又复杂，同时，联系也越来越紧密。人们经常在房屋的前面或者大树的周围举行聚会，他们欢快地唱歌和跳舞，而唱歌和跳舞都是爱情和悠闲的产物。他们逐渐开始习惯这种生活，而这种生活也逐渐成了他们的娱乐和消遣方式。在这种生活方式下，每个人在关注别人的同时，也想使自己得到关注。于是，公开的赞美便成了一种荣誉。那些唱歌、跳舞最好的人，最美丽、最强、最聪明以及最有口才的人便成了人们最尊敬的人。这便是人类不平等的开始，同时，也是逐渐走向邪恶之路的第一步。基于这些最初的偏爱之情，人类产生了虚荣之心和蔑视他人行为的同时，自己也产生了羞耻心和欲望。正是这些罪恶之源造成的动荡，给人类的幸福和安宁带来了巨大的打击。

自人们懂得相互评价之后，“尊重”的观念在他们的头脑中形成。

每个人都认为自己有受到尊重的权利，从此以后，再也没有人会觉得得不到尊重不是一件大不了的事。而人类文明礼貌的认识也起源于此，即便是在野蛮人当中也是这样。从那以后，所有对他人的有意的伤害都被人们视为一种侮辱。因为施暴者在使人受到伤害的同时，还侮辱了他们的人格，而且人们通常感觉受到人格侮辱比受伤本身更难以忍受，这也导致了人们会惩罚那些在他们面前轻视他们的人。于是，人们复仇的手段变得非常可怕，而人类本身也变得更加残暴。这就是我们通常了解的野蛮人的进化程度。有些人对这些概念不加以区分，也没有注意到此时的野蛮人与最初的自然状态隔了很长时间，便轻率地认为人类天生就是残酷的，因此有必要用法律制度对其进行约束，使他们变得温顺。然而，实际上，相比于其他任何状态，他们在原始状态下是最温顺的。因为，在原始状态下，他们既没有野兽的愚昧也没有文明人的智慧，再加上他们有限的理性，他们只知道防范眼前的危险，他们与生俱来的怜悯心，制约了他们伤害别人的意愿，即使是他们自己受到了伤害，他们也不会受自私的情绪控制去伤害其他人。因此，正如智者洛克所说的那样：如果不存在私有制，那么也就不会有不公正可言。

然而，我们需要注意，如果社会开始建立，人与人之间的关系开始形成，那么人类在原始状态下所具备的品质就不能够满足这两者的需求。况且，人类行为受道德观念的驱使，在法律被制定之前，他们对他们自己所遭受的侵害如何进行反击，都可以由自己决定，他们自己就是自己的法官。因此，自然状态下的人类所具备的善良品质再也无法适应这个新产生的社会了。随着人们相互侵害的事件越来越多，他们的反击也越来越极端。到了那时，法律的制约就由对报复的恐惧所取代。尽管人类已经不再像从前那样善于劳作，天然的怜悯心已经不再像以前那样纯粹，但是，人类能力在这个时期的发展正好处于悠闲的原始状态和自尊心急剧膨胀的社会状态之间。因此，这应该是人类最为幸福和持续时间最长的时期。关于这一方面，我们深入研究之后会发现：这个时期是最不容易爆发动荡的时代，也是对人类而言最好的时代[16]。如果之后没有发生某些偶然性事件，人类会停留在这种状态。我们也希望，为了人类的共同利益，这些偶然性事件永远不要发生。从我们所发现的野蛮人的事例就可以得知，许多现存的野蛮人还依然停留在原始状态，似乎这种状态才是人类本应该生活的状态，这种状态是整个人类真正的青春时期，而之后的种种发展，表面上似乎是促进了人类个体的完善，但实际上却是加快了整个人类走向衰败的进程。

只要人类能够满足于居住在简陋的屋子里，乐于穿用荆条或鱼刺缝制的皮衣，满足于仅仅用羽毛和贝壳装扮自己，用不同的颜料美化自己、不断改进和装饰他们的弓和箭，用坚硬的石斧凿出渔船或者制作简单的乐器，简单地说，就是他们从事只需要一个人就能做好而不是多人协作才能完成的事情时，就能够依照自己的本能过着自由自在、美好幸福的生活，而且还能享受彼此之间自由交往的乐趣。但是，只要一个人需要其他人协助时，或者认识到一个人拥有两个人的食物所获得的好处时，他们之间的平等就不复存在了，紧接着私有制就产生了。从此人类就开始被迫劳动，广阔的森林也将成为人类辛勤耕种的田园。而且，我们会发现，奴隶开始从这片土地上诞生，苦难也开始随着这片庄稼一起生长。

如此巨大的变革缘于冶金和农业相关技术的发明。诗人眼中的黄金、白银和哲学家目光所及的铁和麦子，促使人类走向文明又将他们诱向堕落。在美洲大陆生活的野蛮人因为不知道冶金和农业技术，所以他们还停留在原始状态。另外，其他地区的野蛮人由于只学会了其中一种技术，而不会另一种技术，他们也尚未脱离原始状态。相对于其他地区，欧洲的开化虽然不是最早的，却是最稳定的，而且开化程度也最高。这背后的原因就是，欧洲不仅盛产铁，而且还大量地生产小麦。

我们很难得知人类当初是怎么认识以及如何使用铁的。在他们的有限认知下，是不可能仅靠猜测就去矿石里面提炼铁物质，再用必要的方式将它们熔炼的。再者，由于铁矿几乎都分布在那些干燥的、草木不生的荒漠之地——这似乎是大自然的有意安排，这样的安排就是为了让人类远离这些致命的秘密——所以我们不能将人类的这一发明归结于他们发现的几场偶然性的火灾事件。因此，我们只能推测，在一些十分巧合的情况下，人类看到了火山爆发的情景。火山爆发时所喷射出的熔化了的金属物质启发了那些善于思考的人类。由此，人类开始模仿大自然，探索冶炼金属的方法。另外，我们还需要假定人类拥有足够的勇气和远见，去从事这一艰辛的工作，而且他们能够推测出将来可以从这中间获取利益。但是，对于这些工作，只能由那些思维已经相当成熟的人类去尝试完成。这些工作对当时那些思维水平极低的人类来说是不可能完成的。

在农业这一方面，人类在真正开始耕作以前就已经掌握了它的原理，因为他们每天都从树上或其他植物上获取果实，早就对大自然如何培育植物有所了解。但是，他们是很久以后才将他们的这些智慧用于农业的。这可能是因为人类通过狩猎和捕鱼就能完全满足他们的需求，也可能是因为他们不知道麦子的用途，亦有可能是因为他们没有耕种小麦的农具，或者预见未来的需求，或者是因为他们不知道如何去阻止别人抢夺他们的劳动所得。随着人类思维逐渐灵活，他们开始用坚硬且锋利的石头和树枝在他们的住处四周种一些蔬菜或者根块作物。很长时间以后，他们开始学着种植小麦，并拥有了大量农具。当然，这时候的野蛮人还不知道从事农耕就得舍弃一些东西，然后才能得到更多的收获。因为，就像在前面提到过的那样，他们是没有预见力的，甚至在当天早上也没法想到当晚的需求。

因此，如果想让一部分人开始从事农业生产，那就还需要发明一些其他的技术。在人类的整体数量相对稳定的情况下，如果有一部分人从事冶金工作，那就需要另一部分人生产粮食去养活他们。这样，从事冶金工作的人数越多，从事农耕的人数就相应地越少，但是每天需要吃粮食的人数还是和以前一样，并没有减少。因此，就有一部分人用铁去和另一部分人的粮食进行交换，随后便出现了金属商品化的现象。这时，有些人便发现了冶炼后的铁产品可以换到比以往更多的粮食。也就是从这时起，出现了农业、畜牧业、冶金业、金属商品推广及应用这些领域的产业。

人长时间在一片土地上耕种，就会产生将这片土地占为己有的欲望，而这进一步促进了私有制的诞生。私有制观念一旦得到人们的认可，那便意味着最初的平等规则开始产生，因为最初的平等规则是以每个人都有资格拥有属于他的东西的权利为前提的。此时的人已经开始逐渐有了预见力，而且能够预见到自己的财产可能会遭受损失。因此，每个人都害怕别人会因为自己可能给他们造成的损害而报复。另外，我们只能从劳动这一角度去推测最初的私有制度，因为私有财产的唯一来源就是劳动，除此之外就没有什么途径能够获得私有财产了。人要想获得对某一片土地上所生产的粮食的所有权，就必须在这片土地上劳动。如果要获得这片土地的所有权，或者是在粮食收获前这段时间的土地所有权，唯一的途径也是劳动。因此，土地的耕种者一年又一年占有着某片土地，时间一久，这片被长期占有的土地就由人类共同所有转化为私人所有。格劳秀斯曾说过：当古人将谷物女神色列斯奉为立法者，并为表示敬意把一个节日特别命名为“戴斯莫福里”时，就代表土地的分配催生了一种新型权利，即所有权，这种权利不同于自然法中产生的权利。

如果人们在这种状态下能力都是一样的话，事物在此状态下保持永远平等不是难事。比如每个人对铁的使用量和对食物的需求都是一样的。但是这种情况是不可能存在的，因此这种状态下的平等很快就会被破坏。身体强壮的人可以做更多的工作，手脚麻利的人可以发挥身体的优势缩短工作时长，头脑灵活的人可以找到更便捷的工作方式；从事农业的人需要铁，而从事铁匠工作的人又需要粮食。因此，在大家付出一样的劳动时间的情况下，有的人的收益就会远超别人，而有的人却越来越贫穷。这就会引起一系列连锁反应，即自然的不平等随着各种情况的出现而逐渐产生，同时人与人之间的差别也随着各种情况的出现而逐渐变大，而且这种不平等产生的影响也越来越深远，继而又以影响力的大小主宰着人类的命运。

事情发展到这里，其余的事情我们就可想而知了。对于后来各种技术的接连出现、语言的演进、能力的考查和运用、财产的失衡、财富的使用或滥用以及与之相关的所有细节，我就不再一一赘述了。因为如果要想了解这些，我想每个读者都能很容易找到相关资料。接下来，我们针对生活在这一新秩序下的人类状况做一下简单的描述。

现在，人类的各种潜力都被激发出来。他们的记忆力和想象力开始发挥作用，自尊心也逐渐树立起来，理性被发掘，智力几乎发展到了巅峰。现在，所有自然的馈赠都开始运作起来。每个人的地位和命运是由一系列的标准决定的，这些标准不仅包括财产的多少以及每个人帮助或者伤害别人的能力，还包括他们的品德、容貌、力量、技艺、荣誉和才能等。因为人们所注重的只有这些资质，如果想要获得同类的关注，就必须得具备这些资质，或者将自己伪装起来，使其他人误以为他具备这些资质。基于这种动机，人们通常为了争取自己的利益而假装表现得比自己的真实情况更好。从此，“实际是”和“看上去是”开始分流，变为两个完全不同的概念，而根据两种概念的区分，便出现了有些人喜好华丽场面、搞一些狡诈的把戏以及做一些与此紧密相关的恶行。另外，原本崇尚自由、独立的人类，在新生的各种需求面前，逐渐沦为大自然的奴仆，更确切地说是被他们的同类奴役。虽然看起来他成了其他同类的主人，但是从某种意义上来说，他也是被同类奴役的一环。富有的人需要其他人的侍奉，贫穷的人则需要富人的帮助，而对那些既不富有也不贫穷的人而言，他们的需求仍然不得不依赖其他同类来满足。因此，他就不得不去吸引其他人的关注，让其他人觉得为他服务是能得到好处的，即使这一好处可能是虚假的。这样就会导致他有多重性格，对待一些人虚伪、狡猾，而对待另一些人冷酷、无理。并且，如果他不想让那些被他需要的人害怕，或者他预计不能从所侍奉的其他人手中获取利益时，他就要对他所需要的所有人进行各种欺骗。最后，人类邪恶贪婪的野心，以出人头地为目的，狂热追求真正需求之外的财富的欲望，必然会导致人与人之间的相互猜忌和嫉妒。这种后果是极其危险的，因为人类会为了实现某些意图而伪装自己，让其他同类对他们表面的仁慈产生错觉。原因有两个：一个是他们之间存在相互竞争和相互敌对的关系，另外一个就是他们之间的利益不一致导致他们伪善面孔背后有着损人利己的野心。私有财产的第一个后果就是这些罪恶的行为，它们是新生的不平等观念的必然产物。

在人类发明象征着财富的标志以前，仅仅土地和家畜就可以计算一个人的财富，而且土地和家畜也是当时的人类所拥有的唯一财产。但是，随着产业数量的增加，范围覆盖了整个大地，人们的土地都紧紧连接在了一起，如果一个人想扩大自己的土地来聚集财富，那么就只能通过侵占他人的土地来完成了。那些因体弱或懒惰而没有扩张自己土地的人类，表面上自己的土地并没有减少，但实际上，他们所占土地的比例减少了。因为他们的周围环境都已经发生了翻天覆地的变化，而他们却还是停留在原来的状态，所以他们沦落为穷人，不得已开始接受富人的救济或者抢夺富人的财产。随着穷人和富人的社会地位以及财富差距越来越大，就出现了统治和奴役、暴力和剥削的现象。富人一旦尝试过统治他人的快感之后，便不会再寻求其他积累财富的方法了。而且富人开始利用他原来的奴隶来管理新的奴隶，每天他们脑子里都是想着如何将他们贫穷的邻居变为他们的奴役对象。这种情况就像是一头饥饿的狼，一旦尝过人肉的味道，就不再吃其他动物的肉，而是整天想方设法地要吃人类的肉一样。

也就是这样，最强壮的人和最弱小的人将他们的力量或者需求作为一种能够侵夺他人财产的权利，而且在他们的观念里，这种权利就是所谓的财产权。之前平等的状态被破坏后，随之出现的就是当前状态下的不公，进而这些不公又给社会制造了可怕的混乱。侵占财产、掠夺压榨穷人和疯狂的欲望使人类距离大自然赋予的怜悯心越来越远，自然状态下公平正义的观念，在这个状态下慢慢窒息。这一切的一切促使人类变得贪财吝啬、野心勃勃、罪名昭著。强者的权利和先占有者的权利持续斗争，最后只能通过战争和杀戮的方式才能终结这场争斗[17]。最初的社会逐渐让位于恐怖的战争状态，羞耻又可怜的人类不仅无法回到以前的社会，而且也无法割舍那些已经到手的象征着不公的财物。于是，他们累死累活地寄居在这个世界上，在他们不断滥用他们引以为傲的才能的同时，他们也正向着毁灭的深渊迈进。

> 这个富有而又可怜的人啊！
> 新的灾难使他心生恐惧，
> 于是他想抛弃他的财产，
> 并因他曾渴望得到的东西而心生悔恨。

人类开始反思他们所遭受的痛苦和不幸。很快地，富人意识到如果这种战争状态持续下去，那么他们将会持续地遭受损失。因为他们承担了战争的所有费用，虽然全部人都面临着生命的危险，但是对于财产的损失却只有富人承担。另外，不管富人对他们自己的强取豪夺怎么解释，他们都已经认识到他们的这种行为还是难以建立在稳固、正当的权利基础之上，况且他们的财产是通过武力获取的。因此他们担心在将来他们的财产也会以同样的方式被其他人夺走，而且面对这样的抢夺，他们也无理可争。这样就会引发连锁效应，那些通过劳动获得财产的富人理直气壮地宣称那些财产本该属于他们，例如，他们认为这堵墙是通过自己的劳动修建的，或者这片土地是他们通过劳动获得的。但这也会遭到严重的质疑，因为那些质疑者会认为：人类个体无法把土地划为己有，因为没有人强迫他们劳动；同样，没有人会为他们的劳动买单。甚至质疑者还严厉地斥责通过劳动取得财产的富人，认为他们过度占有资源导致其他人遭受痛苦和面临生命危险，认为他们在没有得到人类共同且明确的授权的情况下，擅自侵占超出自己需要的土地。面对上述质疑，富人拿不出来正当的理由来维护自己的利益，且没有任何反击的能力。虽然他们能够轻易地反驳一个人，但是他们也很容易被那些企图侵占他们财产的人打败。由于富人之间相互猜忌，无法团结在一起，因此他们往往都是一个人对抗那些抢夺他们财产的团体。鉴于形势紧迫，富人花了很大力气想出一套前所未有的方案，那就是将那些抢夺他们财产的人转化为财产的守卫者，将原来的敌人转化为富人的保护者，并且持续性给他们讲一些新的理念，制定一系列规则，而这些规则摒除了自然法为富人设定的不利条件，从而使富人的财产得到有效的保障。

为了推行这套规则，富人开始对邻居洗脑：如果大家一直相互斗争下去，就会使一些人的富有和另一些人的贫穷成为枷锁；而且，在这种情况下，不管是富有还是贫穷，对大家都没有安全可言。富人为了增加他们主张的可信度，随后又编造了一系列动听的理由。富人对他们说：让我们团结起来，一起去支持弱者抵抗压迫，一同去制止强者野心的扩张；我们每个人都有属于自己的东西，我们需要制定一些任何人都必须遵守的维护平等、安全的准则，面对这些准则，任何人不得享有特权，这样就能缓解财产分配不均导致的不公问题，因为富人和穷人相互之间都要承担义务；总之，我们不要再将自己人视为敌人，我们所有人都应该把力量聚集起来，建立一个有最高权威的权力，这一权力按照公正的法律来管理和保护我们所有成员，打败我们共同的敌人，并让我们永久地和谐相处。

实际上，富人如果只是为了让头脑简单的人支持他们的主张，是不需要花这么大工夫的。因为穷人内部也存在许多纠纷，需要富人给他们裁决；而且，他们十分贪婪又野心勃勃，因此需要一个权威者去领导他们。就这样，所有人都朝着牢笼跑去，还梦想他们即将获得自由。尽管他们非常理性，能够预估这种政治制度带来的好处，但是他们没有足够的经验去察觉它将要带来的危害，而那些最有可能发觉这种政治制度存在危害的人，也恰好是那些打算利用这些危害的人。就连那些哲学家也认为：为了维护我们的部分自由，就必须舍弃另一部分自由。这种观点与一个受伤的人为了生存下去而选择截掉一只胳膊并无不同。

社会和法律就是或者可能是这样产生的。从那以后，弱者被套上了枷锁，富人则获得了新的权利[18]，而纯粹自然的自由被击垮，有关私有财产和带有所谓平等内涵的法律得到进一步加强。这样，一部通过窃取的形式产生的法律诞生在社会状态的人类中间。出于贪婪的欲望的驱使，野心家们强迫人们劳动，将人类置于水深火热之中。我们不难发现，只要有一个社会的诞生，那它肯定会成为其他社会建立的导火索；为了对抗一方力量，那么另一方的人就必须联合起来。随着社会的数量迅速增多和社会范围的扩张，很快地，社会便存在于大地上的角角落落。在这片大地上，我们再也找不到没有压迫、奴役的地方了。现在，每个人头上都有一把悬着的剑，而这把剑时常会出现被胡乱操控的情况，然而每个人只能忍受它带来的不安和痛苦。此时，所有公民都必须以民法为行为准则，自然法则只能在不同社会之间适用。在各个社会之间，人们还假借人权的口号，制定一些减损自然法则效力的默认性规则，促使不同社会之间进行交往，它们也成功地代替大自然赋予人类的怜悯心发挥着作用。大自然赋予人类的怜悯心现今只存在于人与人之间，在社会与社会之间已经起不了作用了。也正是因为这样，那些伟大的世界主义者心中才会有自然赋予的怜悯心的存在，他们越过了各个民族之间的障碍，效仿造物主，把他们的善意传达给整个人类。

各个政治团体在最初进行交流时还停留在自然状态，但不久就发现其中有很多不足之处，因此他们想方设法脱离这种状态。实际上，自然状态对这些政治团体造成的危害，要比对这些团体成员带来的危害更大。从这里开始便出现了违背人类自然理性的战争、争斗、谋杀以及报复行为，甚至这些流血牺牲还被视为一种荣耀。这实在是一种偏见！正直的人也不得不杀害同类，成千上万的人陷入相互残杀的泥潭之中，但不知道是什么缘故造成这种恐惧的境况。现在，人类一天杀害的人以及攻占了一个城池之后造成的流血事件，远远超过他们在自然状态下受到的伤害和感受到的恐惧。这就是人类组成不同的社会之后产生的初步影响。接下来，我们讨论一下这些社会是如何构建的。

有关政治社会的起源，我想已经有很多人给出了一些见解。例如，政治社会的产生是源于强者的压制或者弱者的联合。但是，这些见解哪些是对的，哪些是错的，和我接下来要论证的对象并无关联。我觉得最合理的是我在前面论述的原因，有以下几点理由可以支撑我的论述：

（一）首先讨论强者压制弱者产生政治社会的情况。强者的征服不属于权利范畴，因此，它也不能成为其他权利产生的基石。除非被征服的一方在完全自由的情况下自愿承认征服者为领导者，否则两方会一直沉浸于战争状态中。无论两方达成了什么投降协议都没有效力，因为，在暴力基础上缔结的协议不具备正当性，因此，在这种情况下，并不会产生真正意义上的社会，也不会组成政治团体，而且在强者的专制下不会有其他法律出现。

（二）再来讨论弱者联盟产生政治社会的情况。在这里，“强者”和“弱者”之间的区分并不是很清晰。从所有权或优先占有者的权利产生到政治团体建立之前，这两个词用“富有”和“贫穷”来表达更为合适，因为在法律产生以前，如果一个人想要征服其他同类，只能通过侵占他们的财产或者分给他们财产的途径来完成，除此之外，就没有什么其他途径可以选择了。

（三）穷人除了自由之外一无所有，因此，除非他们是傻子，否则他们不会白白地放弃唯一属于自己的东西。然而，富人却不一样。富人有很多财产，并且他们都十分在意自己的财产，因此，相对穷人来说，掠夺富人的财产是件比较容易的事情。富人也整天提心吊胆，生怕自己的财产受到侵害。因此，我们有理由认为：如果一个人对一个东西没有什么需求，那么这个人就不会去发明它。同样，只有社会制度对某些人有利时，他们才会去创造它；那些可能会因新制度受到伤害的人绝对不会去接触它。

刚产生的政府机构的形式存在不固定、无规律的问题。由于人们缺乏足够的智慧和经验，所以他们只能对已经出现的漏洞进行弥补，而不能预见和预防将来可能出现的问题。尽管最具有头脑的立法人员付出了很多心血，但是政治状态依然不容乐观，因为它是在小概率的情况下出现的产物，而且它本身也存在着先天性的弊端。随着时间的流逝，它越来越多的缺点暴露在人们面前，虽然人们可以进行暂时性的补救和改进，但总是没法根治政府机构本身存在的病症。人们一直忙着克服种种弊端，但是他们最应该做的事情是效仿莱格古士在斯巴达的做法，先将场地清理干净，摒弃一切旧的东西，最后再建造一栋漂亮的大楼。刚诞生的社会仅仅是建立在那些公认的协议之上的，这些协议获得了所有成员的认可，而且共同保证其中每个成员的安全。但是，后来的一系列实践证明，这一机构是非常脆弱的，而且有些人很容易逃避因违反公约所带来的惩罚。这样就产生了人们无视法律、社会弊病频出、秩序持续混乱的现象，于是人们不得不开动大脑去想解决这些问题的办法，最后他们想到将这一公共权力交给某些人掌管，然后再派一些执行官员去实现人民的意志。因此，关于长官的选举在联盟产生之前就已经进行，以及执法者在法律产生之前就已经存在的观点，都是不符合逻辑的。

那些认为人民当初是无条件和义无反顾地接受独裁者的统治的观点，以及认为狂放不羁的人们选择奴隶制是他们想到的第一个保障公共安全的办法的观点，都是不合理的。实际上，他们之所以接受首领的统治，是为了反抗压迫和保护自己的财产、自由和生命。而且，在人与人的关系中，最糟糕的情况就是，一个人受另一个人的任意摆布。一个人为了保护自己的财产，才听命于首领，而那些认为人们在接受首领统治之前就将他们唯一的财产交给首领的观点，是不符合常识的。人们将如此重要的权利转让给首领，那么首领该拿什么东西作为对价呢？如果首领以保护他们为由，迫使他们转让权利，那么首领难道不会遭到“首领和敌人对待我们有什么本质区别”的质疑吗？因此，人们是为了保护自己的自由，才服从于首领的，而不是为了让首领奴役他们。这似乎是所有政治体系中最基本的规则，就像普林尼对图拉真所说的：我们之所以接受一个国王的统治，是因为他能够保证我们不被任何人奴役。

政治家关于热爱自由的诡辩和哲学家关于自然状态方面的论述何其相似，他们仅仅是通过他们所见过的事物去推断他们从未见过的不一样的事物。就是这样，当他们看到有些人甘愿忍受奴役之苦，便理所当然地认为人类天生具有被奴役的倾向；但是他们忽略了人类也有追求自由、纯真、美德的倾向，而且人们只有在亲身体验过自由、纯真以及美德之后才能领略到它们的价值，而一旦失去它们，人类也就会失去对它们的兴趣。就像布拉西达斯对一个将斯巴达和波利斯城的生活进行对比的波斯总督说的那样：“我对你们国家的快乐了如指掌，但是你对我们国家的乐趣一无所知。”

一匹狂放不羁的野马为了脱离危险，会竖起鬃毛、疯狂跺地，勇敢地朝安全地带奔跑，而一匹被人类驯服的马则会心甘情愿地被人类鞭打和使用马刺。野蛮人如同狂放不羁的野马，他们从不屈服，而是勇敢地追求风吹雨淋中的自由，因此，被奴役人类的堕落状态不足以成为依据，去推断人类的天性是偏向于自由还是服从，而是应该以那些自由人民为反抗压迫所创造的奇迹，来评判他们的天性。我知道那些被套上枷锁的人整天鼓吹他们在枷锁中是如此和平和安宁，其实，这只不过是一种被奴役状态下的和平。然而，我还发现，有些人宁可以自己的快乐、安宁、财产、权利甚至生命为代价，去争取人们曾经所不屑的自由；有些天生自由的动物为了冲破牢笼的束缚而撞死在铁栏杆上；有些裸体的野蛮人不屑于欧洲奢靡的生活，而为了他们的独立，宁可遭受饥饿、火灾、牢狱之苦，甚至不惜以自己的生命为代价。看到这种种情景之后，我才明白，奴隶是不会有对自由的思考的。

有些学者认为专制政府和整个社会是由父权衍生出来的。关于这个问题，我们没有必要借助洛克和希德尼的反论点去论证，仅仅观察一下这个世界就能明白：父权的温存和专制政府的残暴存在天和地的差别。父权更注重为服从父权的人带来好处，而不是只为命令者服务。按照自然法则，孩子的父亲只有在孩子对他有需求时，才是孩子的主人，而随着孩子年龄的增加，当孩子不再需要父亲的帮助时，他们之间就转化为平等关系，他们便成为两个独立的个体。孩子对父亲所承担的义务只有尊敬而没有服从。因为，感谢父母的养育之恩是孩子应尽的一项义务，而不是父亲可以强迫索取的权利。因此，文明社会并非来源于父权，相反，父权主要来源于社会：只有当孩子留在一个人身边的时候，这个人才能算是孩子的父亲。父亲是其所拥有的财富的主人，这些财富也是孩子对这位父亲依赖的基础，父亲可以根据孩子长期以来对他的尊敬程度，来决定孩子的继承份额。反观君王，臣民从君王那里得不到这样的好处，因为君王认为一切东西都归自己所有，和臣民没有半毛钱关系。假如君王将臣民本来拥有的财产分给臣民一部分，那么这些臣民就会感恩戴德，将其视为君王对他们的一种恩赐；当君王剥夺臣民的权利时，臣民认为君王是在主持公正；当君王饶他一命时，他则将其视为君王对他的宽容和恩惠。如果我们依然从权利维度去论证这些情况，那么就会发现，专制政治是建立在人民的意愿基础之上的这个论断毫无根据，同时也没有客观事实的支撑。

我们也很难找到这样一份契约：它规定一方只承担义务，另一方只享有权利，而且承担义务的主体，也是受伤害的主体。这份契约明显缺乏公平，极其不合理，就算是到了现在，那些智慧且贤明的君王也不会采纳这种契约的内容，尤其是法国的一些国王，这从他们平时颁发的命令中就可以推测出来。举个例子，国王路易十四在 1667 年以自己的名义发布了命令，其中有一段话说道："君王也受到国家法律的约束，因为这是所有法律中蕴含的一个真谛。尽管有些阿谀奉承的人时常攻击这个真谛，但是贤明的君王总能像国家的保护神一样来维护这一真谛。没有什么话比柏拉图说的这句话更好了：'一个国家的最大幸福就是臣民崇拜君王，君王遵循法律，而这些法律是公正的，始终将"守护人民的幸福"这一宗旨作为其制定根据。'"我并不打算对这个问题发表长篇大论：既然自由是人类所有本能中最有价值的，如果他们为了迎合他们残暴的或疯狂的主人，毫无保留地放弃大自然赋予他们的最珍贵的本能，而去屈服主人的命令，去干那些造物主禁止我们干的恶行，那么，这难道不就是人类天性的堕落，让自己和仅受本能驱使的牲畜一样吗？杰出的造物主在看到这些情景时，难道仅仅是感觉到羞辱而不感到愤怒吗[①]？我想问那些甘于堕落的人，你们有什么权利让你们的后代遭受同样的耻辱？你们有什么权利放弃那些本该属于你们后代的财富？如果人们没有了这些财富，那么他们的生活会更加艰难。

然而，普芬道夫却有一种与前面论述截然相反的观点。他认为，人类为了别人的利益而转让自己的自由与人类通过协议将自己的财产转让给他人并无不同。我认为普芬道夫的观点存在谬误。因为，首先，财产与自由不同，财产只要转让之后，无论别人如何使用，都与我毫无关系，但是自由不同，如果别人不合理地利用了我的自由，那么就与我密切相关了。因为我可能会沦为他人犯罪的工具，从而不得不去干那些有可能使我成为罪人的恶行。此外，财产权源于人类共同的约定或者法律规定，所有人都可以任意处置属于他们的东西，但是大自然赋予我们的天赋，就不能交由别人任意使用了。例如，生命和自由都是不能任意使用的。对于生命和自由，我们每个人都拥有，但是并不能任意施为。因为，如果我们放弃自由，那便会使我们堕落；如果我们放弃生命，那我们就不复存在了。因为任何东西都无法弥补失去生命和自由的损失，所以无论人类有何种缘由将它们放弃，都是违背自然和理性的。而且，即使成人可以像转让他们的财产那样转让他们的自由，但是孩子的自由是不能转让的，因为孩子可以转让权利来获取父亲的财产，但是自由是大自然赋予他们的，他们的父母没有转让

① 如果大家同意，我就不再重复巴尔贝拉克对这个问题的权威见解了。巴尔贝拉克曾经以洛克的论点为依据直接指出：任何人都没有出卖自己自由的权利，也没有让自己受专制统治任意支配的权利。同时还指出：出卖自由与出卖生命无异，而且每个人都无权滥用自己的生命。

他们自由的权利。奴隶制度的建立伤害了人们的自由权利，但是，为了维护奴隶制度，人们开始对大自然赋予人类的天赋强行改造。那些声称奴隶所生的孩子仍然是奴隶的法学家人为地捏造了一个极其荒诞的结论：人类生下来的不是人类。

我现在可以初步确定的是：政府的出现并不是来源于专制权力，而政府的腐败却导致了专制权力的产生，导致了政府走向极端而后发生变质，这一极端的权力又使政府回到了只有依赖强者才能生存的状态，而建立政府的初衷恰恰是为了克服强者定律的弊端。退一步讲，就算政府一开始就是以专制统治的形式出现的，由于这种专制政府本身就带有不平等的因素，因此这个政权不会成为社会权力的基础，也就不能成为制度不平等赖以生存的基础。

关于政府的基本契约到底是什么性质的问题，还需要深入研究。但是，今天在这里我们暂时不讨论这个问题。一般而言，政治组织的建立不过是人民和人民推选出来的领导者之间订立的一份契约。根据这份契约，人民和领导者结成联盟，并做出必须遵守这份契约里所制定的法律的承诺。在社会关系上，人民将他们所有的意志汇聚到一起形成一个统一的、共同的意志，然后通过立法，他们的意志以基本法的形式表达了出来。对于基本法，国家的所有成员都必须遵守，任何人都不享有超越法律之外的特权。基本法规定了法律执行者和监督者的任职条件和职权。除了不能对基本法做出任何修改之外，这一权力的效力范围涵盖基本法中的所有事项。同时该法还规定了法律执行者享有的荣誉等事项，并授予法律执行者部分特权，以补偿他们认真履行职责所付出的辛劳。对法律执行者来说，他们必须按照委托人的意愿，在法律规定的范围内行使权力，以保证每个公民都能安心享有对自己财产的支配权，并在任何情况下都将公共利益置于个人利益之上。

在实践经验还不足以提供证明，或者人类知识的积累还不能预估这种宪法所存在的固有的弊端程度之前，人们的关注会有利于它的发展。因为基本法是法官及其权力的基础，如果基本法被推翻，那么这些法官以及他们所享有的权利都将不复存在，从此，人们将不再履行服从他们的义务。而且，由于构成国家的要件是法律而非法官，因此，如果法律被摧毁，那么每个人又将回归到自然所赋予他们的自由的状态。

只要动动脑筋，就可以发现有很多新的论据可以来证实这一点。而且，这种契约的性质并不是一成不变的，而是可以被撤销的，因为，如果没有一个更高的权力来保证缔约双方的忠诚，并强制他们遵守契约、履行义务，那么契约双方就只能求助于自己，让自己成为法官来解决他们之间的纠纷。这时，如果一方发现另一方违反契约的规定或者认为契约规定的内容对他自身不利时，他们就会撤销契约。弃权制度大概是在这一基础之上建立的。但是，关于人类社会的制度问题，我们不难推断，如果握有一切权力并将契约的一切利益占为己有的法律执行者都有权舍弃他们的职权，那么那些因领导者的错误而遭受损害的普通平民自然也可以放弃契约中与领导者约定的隶属关系。但是，这种潜藏着危机的权力必定会引起可怕的斗争和无止境的混乱。相比于其他任何事情，这些斗争和混乱更能说明：人类政府建立的基础除了需要融合人类的单纯理性之外，还需要更神圣、更坚固的东西；人类社会的和平稳定，需要神赋予最高权力神圣不可侵犯的权威，取消那些极其危险的权力——人民对最高权力的自由处分权。任何事物都有两面性。宗教既有它的好处，也有它的弊端，但是，只要宗教造福了人类，做了善行，那它就是值得我们人类信奉和热爱的。总体来讲，因为宗教而使人类避免混战的事件，要比因宗教导致的恐怖事件多。

接下来，我们继续探讨上文假设的情形。

因为人类个体之间存在各种差异，所以最初的政府形态也是多种多样的。如果在人群中出现一个能力、品德、财富和威信等方面都极其出众的个体，而且这个人恰好被推选为法律执行者时，那么君主制就是这个国家的政府形态；如果有几个能力相当的人都比其他人表现突出，而且这几个人都一同被推选出来，那么这个国家就是贵族制国家；如果所有人在财富和知识方面都差不多，而且较为接近自然状态，然后所有人一同管理国家，那么这个国家就是民主制国家。我们现在还没有证据证明哪一个政府形态是最好的。有些人始终遵守法律，而有些人很快就成了他们主人听话的奴隶。公民想要保持他们的自由，而臣民却想掠夺身边人的自由，因为身边人享有臣民不再享有的幸福时，会导致臣民痛苦不堪。简而言之，臣民一边想拥有权力和财富，另一边还想获取幸福和美德。

最初，不同政府形态中的所有官员都是通过选举产生的。选举官员考虑的因素主要侧重于他们的能力和年龄，并不是十分看重候选人的财力。候选人的能力是排在首位的参考因素；其次是候选人年龄的大小，因为年龄的增加可以为人带来丰富的阅历，并在面对复杂的利益纠纷时，使人能够保持清醒的判断。我们也可以从希伯来人的“前辈”、斯巴达人的“元老”、罗马人的“元老院”以及词汇中的“领主”看出，年龄在政治候选人挑选的条件中有多么重要的地位。但是，这也会带来一些弊端。例如，被选举的人年纪越大，就会导致被选举的次数越多，因此就出现了相互算计、拉帮结派、内部争斗的现象，最后，就会造成为了所谓的国家幸福而不惜流血牺牲的场景。这时人类仿佛又回到了初始的、混乱的无政府状态，同时有野心的官员会利用这些情况，将他们的家族成员长期安排在自己想要独占的职位上，牢牢地掌控对该职位人员的任免权。这时，人民已经适应了被压迫的、安宁平静的生活，已经没有想要冲破牢笼的冲动了，即便是加重对他们的奴役，为了内心的平静，他们也甘愿承受。这样就会导致国家的统治者逐渐变为世袭制，这些首领将法律执行者这一身份视为他们家中的财产，并将他们自己奉为这个国家的主人——尽管最初他们是国家的一名官吏。他们将公民当作自己的奴隶，以计算牲畜的方式将公民按照头数划归到自己的财产范围内，并且将自己视为与上帝拥有同等地位的王。

如果我们沿着这几次革命性变革的脉络去探索人类不平等的发展轨迹，就可以发现：法律和私有财产的诞生是人类不平等发展的第一个阶段，法律执行者的选举是人类不平等发展的第二个阶段，将合法权力转变为专制权力是人类不平等发展的第三个阶段。在第一阶段，贫富差距被人们认可；在第二阶段，强者与弱者之间的差距被人们认可；在第三阶段，主人和奴隶的地位被人们认可。而第三阶段达到了人类不平等的最高层次，前两个阶段也在这个时期达到了顶峰，直到爆发新的革命将政府彻底摧毁或者使其合法化。

为了解人类不平等发展演化的必要性，我们应该去考察政治组织建立时所采取的形式以及其建立后产生的缺陷，而不是去纠结政治组织建立之初的动机。因为，那些使社会制度成为必要存在的原因，同时也导致这一制度被滥用。在全世界，斯巴达的法律特别重视孩子的教育。另外，莱格古士还建立了一套不需要法律强制就能够被人们遵守的道德标准。由于法律的诱惑力远远不如欲望的诱惑力大，因而法律只能约束人类，但无法改变人类。因此，我们不难论证：如果一个未曾腐败、堕落、变质的政府永葆初心，一直按照最初设立的目的去运行，那么就没有必要成立这个政府了；如果国家所有的公民都遵守法律、尊重司法，那么这个国家设置的官吏和实施的法律也是相对多余的。

政治层面的不平等会诱发公民层面的不平等。在公民与统治者之间的不平等程度越来越严重时，公民和公民之间的不平等也越来越明显。由于人们的欲望、能力、状态千差万别，因此，公民与公民之间的不平等形式也表现得多种多样。一个官吏为谋取一项非法权力，就不得不去讨好别人，而且还要向别人转让自己的部分权力。而公民只有在双眼被野心遮住时才会心甘情愿地被压迫。他们用歧视的眼光往下看而不往上看，他们认为统治带给他们的价值要比争取自由获得的价值更大。因此，他们之所以心甘情愿地被奴役，是因为他们想有朝一日拥有奴役别人的权力。但是，对于那些从来没有妄想过压迫别人的人，面对他们的这种做法是很难服从的。即使是最精明的政治家也不能让那些心中只有自由的人顺服他。但是，不平等现象却很容易诱惑到那些野心勃勃或胆小懦弱的人，他们怀着侥幸心理，甘愿听从命运的摆布；他们从不去衡量统治别人和服侍别人的好坏，只关心是否能为自己带来好处。直至有一天，人类完全失去理智，以至他的统治者向他们中间最卑微的人说："让你和你的家族都变得尊贵一些吧！"他便马上开始在众人面前装得高贵起来，还自以为是。与他相隔代数越多的后代越会觉得尊贵；离他成为显贵的源头越远，其效果就越好。在一个家族中，通常用游手好闲的人数的多寡来衡量这个家族尊贵与否。

如果此处我们再多谈一些细节，我将很容易得出这个观点，即人们一旦组建成了社会，人与人之间的不平等就会向名望和权力蔓延①，[19]

① 政府没有进行干涉。

因为他们之间会相互对比，然后在互相利用对方的过程中发现他们之间存在的差异。这些差异多种多样，其中财富、身份、地位、权力和个人的能力表现得最为突出。因此，我将证明这些差异是相互协调还是彼此竞争，是使一个国家兴盛还是衰败。在这些不平等的起源中，个人地位的不平等是其他所有不平等的源头，而财富实质上是其他几种不平等的最终表现形式，因为财富对人类的作用最为直接，人类可以通过财富的自由交换，得到自己想要的一切。通过上面的分析，我们能够准确地判断每个民族距离他们的原始状态已经过去了多长时间以及他们走向衰亡的进程。我还将论证那些将人毁灭的，对名誉、地位和特权热切期待的普遍欲望，是通过何种方式让我们的智慧和力量受到磨炼并相互比拼的，是如何刺激我们的欲望，使其变得越来越强烈的，是如何让人类相互竞争、彼此对立，甚至成为敌人的。每天都有很多的野心家在竞技场内相互厮杀，也出现了许多失败、成功以及悲惨的场面。我还要证明：正是这些想要受到关注和夸赞的强烈欲望和那些使我们渴望有一天能够高人一等的狂热，才使人出现了好坏之分，产生了我们的美德与恶行、科学与谬论、征服者与哲学家，而且坏事产生的数量远远多于好事。最后，我还要揭示少数的权贵和富人享有至高无上的权力和极大的财富，而大多数的普通公民却遭受着黑暗与苦难的折磨的原因。因为这些少数的权贵和富人所享受的东西正是从大多数普通公民手中夺来的，如果这些贫苦大众不再受剥削和压迫，那么这些权贵和富人的快乐也将随之消失。

如果想要了解这些细节，就需要在这样一本巨著里去寻找：这本著作将自然状态下的权利作为参考标准，然后用这些标准去衡量所有政府的优点和缺点，并揭示到目前为止不平等所呈现的不同形式，再根据政府的性质和随着时间的推移所必然爆发的革命去预测人类之间的不平等将来又会以什么面貌出现。我们将会发现，广大公民为抵御外来侵略所采取的一系列压抑天性的措施，在国内却被用同样的方式压迫着他们自己。我们还会发现，这种压迫的强度持续增加，而受压迫的人却不知道何时才能结束这种压迫，也找不到合法的方式去结束这种压迫。我们还会发现，公民的权利和大众的自由逐渐被取缔，而弱者的呐喊被看作反动言论。我们还会发现，仅仅一少部分受政府雇用的人得到了统治者授予的国家共同事业发展的荣誉。我们还会发现，正是由于上述种种原因，加重了公民的赋税，迫使那些耕种者即使在和平时期也不得不扔下锄头离开他们的土地，去寻求战斗的红利。我们还会发现，那些蹩脚而又荒诞的关于荣誉等级认定的法律从此产生。我们还会发现，曾经保卫祖国的战士迟早会成为国家的敌人，将拳头挥向自己的同胞；最终，人们会向压迫他们的统治者发出呐喊：

如果你命令我把锋利的刀剑挥向我父亲的胸膛，
刺进我怀孕妻子的腹部，
即使我的手臂在反抗，
我也终将完成你的命令。

从财富的多寡与社会地位的悬殊中，人们膨胀的欲望和才能，以及没有任何价值甚至是有害的艺术和无用的科学中，滋生了许多与人类理性、幸福和道德相冲突的偏见。我们可以发现，国家的统治者会编造出各种谎言，去挑拨那些团结在一起的人，从而使他们溃散或相互斗争；他们还大肆宣传社会一片祥和，用虚假的言语使人们更加涣散；他们谋划如何才能让人们相互斗争，在人们中间挑起事端，使他们之间的向心力崩溃；他们使用各种方式遏制人们的势力，从而强化对人心的控制。

专制统治的君王在这些混乱和变革的巨浪中，逐渐露出了邪恶的嘴脸。他们开始在全国范围内吞噬那些美好而健康的东西；他们无视法律、压榨百姓，最后在这片共和国的废墟上建立了自己的专制统治。在发生最后一次巨大的变革之前，这必然是一个混乱和灾难频发的时代，这期间所有的东西都被这个专制统治的君王侵占。从此人民的领袖、信仰的法律都将覆灭，而唯一存在的就是暴君。从这时起，美好的品行和道德变得毫无意义，因为专制统治的暴君横行霸道，决不允许还存在除了他以外的其他领袖。他们所发号施令时，也不再考虑其他人的感受。对奴隶而言，他们唯一所遵循的美德就是绝对服从。

这个时期，人类之间的不平等已经达到了极端，这既是循环链条中的终点，也是我们的起点。在这里，人与人之间又重新回到了平等状态，因为人类现在似乎只剩一个名称——他们什么都不是。臣民只需要遵循君王的意志，法律对他们而言，早已不复存在。而君王除了受到自己欲望影响之外，再也没有什么规则来约束他。这样，所有善的观念和正义原则都变得毫无意义。这个时期，一切又回归到了服从强者的模式，从而也回到了新的自然状态。但是，与初始的自然状态相比，这个新的自然状态有所不同，因为初始的自然状态是纯粹的自然状态，而现在这个新的自然状态是腐败堕落造成的结果。但是，这两种状态之间也有相似之处。政府契约在专制制度压制之下显得苍白无力，因此他们又重新开始遵循强者为王的丛林规则。如果这个强者能力逐渐变弱，以至被人民废黜或推翻，那么这个强者也只能服从人民的暴力，并没有什么理由可言。人民杀死暴君或者推翻暴君统治的行为和暴君随意杀戮人民、掠夺人民财产的行为性质上都是一样的，都是合法行为。暴君通过暴力来维持自己的统治，但暴君的统治同样会被人民的暴力推翻。因此，一切事物都回归到自然规律运作的本质，不论这些短暂和频繁的革命正义与否，人们都不能对他人的行为有不公正的怨言，而只能归咎于自己的过失和不幸。

那条曾经使人类摆脱原始状态进入文明状态的路显然被人们遗忘了，但是如果善于思考的读者以这种方法探索并追寻下去，并且用自己的逻辑去推理那些我因时间仓促而未介绍的或者因我想象力有限而没有想到的状态，那么就一定会为这两个状态之间的间隔如此之大而感到惊奇。在新旧事物的交替中，他们就会找到那些连哲学家都无法解答的关于道德和政治问题的答案。他们将感到每一个时代的人都在时刻变化着。就以第欧根尼为例子。他的所有财产就只是木桶、斗篷、棍子和面包袋。亚历山大大帝正好前来拜访第欧根尼，正赶上他在晒太阳，大帝问道:“你有什么愿望吗？我可以帮你实现它。”而第欧根尼却这样回复:“请你站一边去，别挡住我的太阳。”随后亚历山大大帝说:“如果我没有亚历山大的这个身份，我更乐意做像第欧根尼那样的人。”第欧根尼之所以没有找到他认为的真正的人类，正是因为他想从同时代的人中去找那些生活年代已经十分久远的人。读者们大概会这样认为：老加图之所以同罗马和自由一起死去，正是因为他时运不好，生错了年代；如果五百年前由他来管理这个世界的话，这个伟人可能会使世界震惊。

总之，细心的读者将会发现：人类的心灵和欲望是如何在漫长的岁月里改变天性的；同样，我们的需求和乐趣是如何随着时间的流逝而发生改变的。他们还会发现：在野蛮人逐渐消失之时，贤者认为社会只剩下虚伪的人类和冲动的欲望，而且这些欲望是基于新的关系产生的，在大自然中不能找到任何存在的基础。如果进一步探讨我们在思考时注意到的这些情形就会发现，这些已经被我们的观察证实了。

野蛮人和文明人在内心深处是存在截然不同的差别的，因为那些令文明人感到幸福快乐的东西，在野蛮人看来，只会让他们感到痛苦。野蛮人追求的是宁静和自由，他们只想悠闲地生活，即便是信仰斯多葛主义的人追求的宁静，在野蛮人面前也不值一提。

与向往悠闲生活的野蛮人形成鲜明对比的是，生活在文明社会里的人整日忙于寻找更辛苦的工作。他们一生都在忙碌，直到死去。他们为了让自己能够过上正常的生活而寻找工作，即使放弃自己的生命，他们也无怨无悔。他们表里不一，一方面鄙视和憎恨那些强者和富人，另一方面又去迎合这些强者和富人，渴望得到侍奉他们的机会。他们以对主人卑躬屈膝和主人对他们加以保护为荣，整天炫耀着自己是那些强者和富人的奴隶，并且鄙视那些没有享受这些“殊荣”的人。如果加勒比人知道欧洲公民享受着艰辛的劳动，那他们该多么惊讶。已经懒散惯了的野蛮人宁愿残酷地死去，也不愿意忍受这样的生活。身处这种生活的恐惧，是那盼望着有出头之日的喜悦也无法抵消的。如果要野蛮人了解文明社会的人为何这样心甘情愿地劳动，那么首先要让他们明白“权力”和“荣誉”这两个词的意思，其次得让他们明白有一种人对自己的评价指标不是来源于他们自己对自己的认可，而是来源于别人对他们的赞许，换句话说，就是他们过于在乎旁人的眼光，一切都以别人的看法为标准。这时候，我们就会发现这一切差异背后所隐藏的原因了：野蛮人只想自己过自己的生活，沉浸在以自己为中心的生活中；而文明人却生活在别人的评论中，他们存在的意义需要在别人的看法中找寻。此前已经有很多关于伦理道德的著作，因此，我在这里就不再论证在这样的情况下，是如何产生对美德和恶行的冷漠态度的。同样，所有事情为何都停留在表面，而内里却变得虚伪不堪，以及怎样才能找到以荣誉、友情、道德甚至是恶行为荣的奥秘，这些都不在我的讨论范围。总而言之，我不会去探讨那些尽管他们已经接受了许多哲理、人道、礼节和高尚格言的熏陶，但是当他们想要寻找真实的自己时，为何不问自己却总想从别人那里获取答案。我也不会去探讨为什么他们只能空有一副虚假、骗人的外表，只能拥有那些没有道德的荣誉、没有智慧的理性以及没有快乐的享受。我需要论证的是：这所有的一切都不是人类的自然状态，而是社会及其所产生的不平等理念败坏和歪曲了我们所拥有的自然天性的产物。

我已经尽可能详细地阐述了人类不平等的起源和发展以及政治社会的产生和存在的弊端。对于我论述的这些事情，我会尽可能以理性的方式去推论，而不引用那些神圣的教义以及关于君权神授的学说。从我们上面的论述中不难发现：自然状态下几乎不存在不平等现象。正是由于人类能力的不断进化以及知识的进步，才催生了人类之间的不平等，最终人类通过建立私有制制度和制定法律的方式将这种不平等合法化。而且，我们还可以发现：当精神层面的不平等与生理层面的不平等不匹配时，就出现了违背自然法则的现象。这种不匹配决定了我们对普遍存在于所有文明民族之中的不平等所持的看法，因为不论我们怎么阐释不平等，一个小孩操纵一个老人，一个傻子指挥一个精明的人，一少部分人富得流油而另外大多数人却食不果腹，这些现象都是违背自然法则的。

六、注释

[1] 根据希罗多德所说，假的斯麦尔第斯被杀害后，波斯的七个解放者聚集在一块商议要建立一个什么政体形式的国家。其中一位名为奥达奈斯的解放者建议采用共和制政体，由于奥达奈斯的身份是一名总督，因此他的这番话令人十分惊讶。因为除了他本人可能对国家权力有所企图之外，对官员和富人而言，一个被迫尊重人民意志的政府甚至比死亡更恐怖。正像我们推测的那样，他的主张并没有得到支持。当其他人主张采用君主制政体时，奥达奈斯既没有支持也没有反对，而且主动地将自己继承王位的权力让给了其他竞争者，而不参与竞争的条件就是：保障他自己以及他的后代能够永久独立、自由地生活。最终，他提出的条件都被满足。尽管希罗多德没有告诉我们，对奥达奈斯及其后代所享有的这一特权是否设有限制，我们也不难猜测，这项特权是受到一定限制的。因为如果这项特权不受限制，那么他将不对任何人负有义务，也不受任何法律条款的制约，他将成为这个国家最有权势的人，甚至比国王更有权力。但是，在这种情况下，一个人只能要求享有这样一种特权，想必他也不会滥用这种特权。事实证明，智慧的奥达奈斯以及他的子孙后代都没有滥用这种特权为国家制造任何骚乱。

[2] 从我一开始打算写这篇论文起，我就下定决心要以那些被哲学家推崇的权威学术观点为立论基础。因为那些只有哲学家才能发现和理解的崇高的理性是这些权威观点形成的基石。

“无论我们多么想从内心认识自己，其实我们对身外之物的理解反而可能更加透彻。大自然赋予我们的器官只不过是用来保障我们生存的，但是我们却将它们用于去感受那些与我们自身无关的外来事物。我们总想着往外走，去感受那些除我们之外的事物。我们整日训练感官技能，拓展我们的外部活动范围，却很少使用我们感官的自我反省功能。然而，能让我们回归到自己内心深处的，只有自我反省，它可以将那些与我们无关的东西从我们身边分离出去。因此，如果我们想要了解真实的自己，就必须学会自我反省。通过自我反省，我们才能准确地做出对自己的评判。但是，怎么样才能让我们自我反省的感觉活跃起来并保持发展呢？怎么样才能将我们自我反省能力所依托的灵魂与我们精神上的幻觉分离呢？我们已经丢掉了自我反省的习惯。被遗忘在我们身体里的自我反省能力从未被训练，而且在我们种种欲望的压榨下已经变得枯萎、疲惫，与此同时，我们的精神、心灵和感官也在不断侵占它的领地。”（布封，《自然史》第四卷《论人的本性》，第一百五十一页）

[3] 从人类长期直立行走引起人体构造的变化、人类的双手与四足动物的两条前腿存在诸多相似之处以及人类的直立行走方式中，我们可以发现：那些最常见不过的现象也会让我们产生困惑，究竟哪一种行走方式是大自然偏爱的呢？所有的小孩一开始都是用两只手和两条腿爬行的，而他们现在之所以学会了直立行走，是因为我们对他们进行了刻意的训练。现在还有一些野蛮人的部落，在这个部落里的孩子没有经过直立行走的刻意训练而依然用四肢爬行，时间一久，他们便发现自己已经很难再直立行走了。事实上，人类用四肢爬行的例子有很多，比如非洲南部的霍屯督人以及安的列斯群岛的加勒比人。在这里，我举几个更为具体的例子。1344 年，从小生活在狼群中的小

孩被黑塞带到了亨利亲王的宫殿，这个狼孩总是说，如果他能够自己做主的话，和人在一起相比，他更愿意和狼群在一起。由于这个狼孩已经习惯了动物的爬行方式，如果要让他像人一样直立行走，那么就得把木板绑在他的身体上，矫正他的行走方式，让他的双脚保持平衡。同样，1694 年在立陶宛森林中发现的与熊生活在一起的孩子也是这样。孔狄亚克曾说过：“没有任何迹象证明这个孩子有理性判断能力，他只会用双手和双脚爬行，不会任何语言，就连发出的叫喊声都与人类发出的声音不同。”前些年，被送到英国宫殿的那个汉诺威的野孩子，经历了千辛万苦才学会了直立行走。1719 年，人们在比利牛斯山脉又发现了两个野蛮人，他们用两手和双脚在大山中自由穿梭。有些人认为，上述的这些例子只能表明，这些爬行的人没有充分利用他们的双手，是因为还不知道他们的双手有这么多的用途。针对这一观点的反驳，最显而易见的例子就是猴子。因为猴子很好地展示了双手可能存在的两种用途。除此之外，这些观点只能说明人类的四肢除了大自然赋予的天然用途之外，还有其他更合适的用途，而不能说明人类不同于其他动物的行走方式是大自然强制的。

但是，人类是直立行走的动物这一事实，有很多的理由去证明它。首先，即使有人能够证明人类一开始并不同于我们今天所看到的样子，而是后来变成了今天的样子，但这并不能让我们信服人类是这样演化过来的这一观点，因为，如果要让我们信服他们的观点，除了提出这些演化的可能性之外，还必须论证这些演化是确确实实存在的。此外，即便是人类在某种突发情况下将胳膊当作两条腿来使用，也只是支撑这一观点的孤立论证，而与之相反的论点却比比皆是。主要论点包括以下几种：第一，人的头部与人体躯干的特殊结合方式导致了人类只有保持直立行走时，才能够使自己的视线与地平面平行。如果人类像其他动物一样用四肢爬行，那么人类将失去水平的视线，只能将自己的视野局限在地面上，而我们都明白，这样的爬行方式是非常不利于人类生存的。第二，人类没有尾巴。尾巴对四肢爬行的动物是非常有用的，但对直立行走的人类而言是毫无用处的。第三，人类女性乳房生长的特殊位置，正好有利于她们把孩子抱在怀里，而这个特殊位置对四肢爬行的动物而言是没有任何好处的。第四，人类的双腿要比双手长得多，因此会导致人类在用四肢爬行时经常碰到自己的膝盖。人类四肢的比例不协调也导致了人类用四肢爬行的方式行走极其不方便。第五，如果人类将双手像双脚那样平摊在地面上，那么人类的后腿应该比其他动物的后腿少一个关节，连接胫骨和腿骨的那个关节。同时，如果在必要的情况下人类必须要用脚趾踩在地上，由于他的跗骨包含的小骨头数量太多，而且这些小骨头略显粗大了些，同时与跖肌和胫骨之间的关节挨得太近，所以将会导致人类的双腿不如其他动物那样方便活动。

其次，有些人拿小孩子举例子，但是这样的例子证明不了上述观点。因为小孩子的年龄太小，他们的四肢也尚未强壮起来，以至大自然赋予他们的力量还未发挥出来。如果这样的例子也能成立，那么我也可以这样说：狗是天生不会直立行走的动物，因为它们出生之后的几个星期都只能爬行。个别事件不足以推翻人类的广泛实践，这些实践结论是经过人类的实践检验认可的，即使是那些与外界隔离的、从未模仿过任何行为的种族也是承认的。一个还不会直立行走的孩子被抛弃在森林中，由某种动物养大，这个野孩子就会模仿养育他的动物的行走方式走路，他的行走方式并不是自然赋予他的，而是从小养成的习惯。正如企鹅经过练习之后，能够像我们人类使用双手那样去使用它们的双脚，那么，他们经过同样的训练之后也可能会将他们的双手当作双脚使用。

[4] 如果有某个阅读了我文章的自然科学家肤浅地对我关于土地天然肥沃的假设提出质疑，那么我将用下面一段话来回应他：

“由于植物从空气和水中获取的生存物质要比它在土地里吸收的养分多，当这些植物腐烂时，馈赠给大地的东西就要比它从大地上吸收的养分多得多，再加上森林能够有效地保留水分，使水蒸气转化为雨水，最后雨水汇成江河，因此，在那些人烟稀少的森林里，为植物提供成长养分的土地都是十分肥沃的。但是，和植物恰好相反，动物回馈给土地的东西却远远少于它从土地里获取的养分。另外，人类还大量砍伐森林和消耗植物用来生火或干别的事，长此以往，在有人居住的地方，供植物生长的土地表层越来越薄，最终会变成像阿拉伯半岛中部或东方许多省份的土地那样贫瘠。实际上，人类最早是居住在东方的土地上的。但是现在，那片土地到处都是盐和沙石，因为植物和动物只有盐分保存下来，其他东西都蒸发了。”（布封，《自然史》）

除了上面的情况外，我还有大量的事实可以证明。例如，近几个世纪发现的无人居住的荒岛上面植被茂盛。另外，历史记载也为我们提供了茂密森林存在的线索。那时，为了增加人口数量和促进人类文明的演进，人们砍了大片森林来进行农业生产。此外，还有三点内容需要明确：第一，根据布封先生的观点，如果有一种植物能够补偿动物对植物的消耗，那么这种植物的枝叶会比其他植物吸收更多的养分来回馈大地。第二，土地的破坏会随着人类活动的不断增多而不断加剧：人类大量开垦土地带来水土流失，日夜劳作的人民消耗更多的粮食导致种植需求增加，也就是说土地中所富含的供植物生长的养分会逐渐减少。第三，这也是我认为最重要的一点。与其他植物相比，树木所产的果实能够为动物提供更加丰富的养料。对此，我专门做了这方面的实验。我曾经亲自在两块面积和土质相同的土地上分别种了栗树和小麦，得出的结论和上面说的一样。

[5] 在用四肢爬行的动物中，肉食动物有两个明显特征：一是牙齿的形状。仅以植物为食的动物的牙齿更多是扁平状的，例如马、牛、羊、兔子；而把肉当成食物的动物的牙齿更多是锋利、尖锐的，例如猫、狗、狼、狐狸。二是肠道的结构。以植物为食的动物的身体里有种肉食类动物没有的肠子，例如结肠。由于人类的牙齿和肠道结构与植食动物的相似，因此我们可以将人类归到以植物为食的动物类。

这一点已经得到了解剖学和历史典籍的证实。圣·热罗姆曾说："迪希亚库在他所著的《古希腊丛书》中说过，在农神萨图恩统治时代，土地本身是非常肥沃的。那个时候没有人去吃肉，所有人都吃着水果和蔬菜。"（《对若维尼安教派的质疑》，第二卷）[①]

从上文可以看到，我已经省略了很多对我的观点十分有利的证据。因为猎物是所有食肉动物争夺的唯一目标，而以植物为食的动物却能和谐相处。如果人类属于以植物为食物的动物类，那么显而易见，人类在自然状态下很容易生存。他们既没有要迫切脱离自然状态的需求，也没有那么多摆脱自然状态的机会。

[6] 一切需要动脑子思考的知识以及需要进行大量积累相关概念才能明白的知识，野蛮人是很难理解的。因为野蛮人和他的同类之间既没有任何交流的介质，也没有任何交流的必要。他们的知识和技能仅仅停留在跳跃、奔跑、搏斗、掷石头以及爬树等方面。在这些方面，野蛮人不但会做，而且会比现在的我们更善于做，因为我们不是特别

① 此外，对于这一点还有许多近代旅行家的记载能够提供更多证据。弗朗索瓦·柯雷尔曾说过，巴哈马群岛的居民被西班牙人带到古巴、圣多明哥以及其他地方后，因为吃肉死了很多人。

需要提升这些技能。由于这些动作只需要自己反复练习，并不需要与外部人沟通，一个人把技能教给另一个人也不会有任何的提升，因此第一代的野蛮人和最后一代的野蛮人在这些动作的熟练程度上几乎是相同的。

从旅行者相关的记载里面，就可以发现有许多描述野蛮人体力和精力的事例，其中有很多赞美了野蛮人行动迅速敏捷和身体灵活。由于这种事情我们只需要用眼就能看出来，因此我们没有理由不相信这些被记载下来的事实。下面我将举几个我早年翻阅过的书籍中记载的例子：

考尔邦说："相比居住在好望角的欧洲人，居住在非洲南部的霍屯督人更擅长捕鱼。他们不论是在使用渔网、渔钩还是渔叉方面都表现得相当灵活。此外，他们用手抓鱼的技术也很精湛。他们在水里游泳时技术精湛得令人羡慕。他们那优美的泳姿令人赞叹不已。当他们在水中游泳时，能保持身子在水中直立的状态，双臂摊开在水面上，如同他们在地面上行走那样娴熟。当大海波涛汹涌时，他们好似在浪尖上戏耍，身体就像一截儿木头，在波浪中上下浮动。"

"霍屯督人的打猎技术也十分高超。他们行动敏捷、奔跑迅速，人们都无法想象。"令考尔邦惊叹的是，他们几乎从不轻易利用自己的敏捷做坏事，仅仅在特殊情况下才使用这种敏捷。在这里，他举了一个例子：一个从好望角下船的荷兰水手，命令一个霍屯督人扛着重达二十磅的烟卷跟他去一个村庄。当他们距离部落还很远，四周没有人时，霍屯督人询问荷兰水手会不会跑步，荷兰水手开心地回答："当然会，跑步可是我的强项。"于是，霍屯督人说："那好，我们开始跑吧！"说完后，霍屯督人就扛着那二十磅的烟卷瞬间消失在荷兰水手面前。这位水手被霍屯督人的奔跑速度惊呆了，以至忘了去追他。于是，荷兰水手从此再也没有见过这位霍屯督人以及被他带走的那二十磅烟卷。

霍屯督人的视力是非常敏锐的，动作也十分轻快，因此欧洲人根本追不上他们。他们可以在百步远的距离内用石头击中半个铜钱大的目标。更令人惊讶的是，他们和我们不一样，不是静止在那里瞄准目标，而是在保持身体运动的同时击中的。他们掷出来的石头仿佛有一只无形的手将它扔出去打中目标。

勒·杜泰尔特神父讲述的关于安的列斯群岛的野蛮人的故事和上文提到的好望角霍屯督人的情况差不多。他特别称赞了野蛮人能够用箭精准地射中飞翔在空中的鸟和在水中游动的鱼。在射中水里的鱼之后，他们会马上跳进水里将那条鱼捞出来。北美洲的野蛮人在体力和灵活度等方面也不亚于他们。接下来，我们再举一个能说明南美洲印第安人在这些方面表现优异的例子：

1746年，被判处去加的斯服苦役的一个布宜诺斯艾利斯的印第安人向总督提出，他愿意在一次公众大型节日上以生命为赌注来赎回自己的自由。他说他能够仅凭一人之力，在不使用任何武器的情况下，用一根绳子制服一头最凶猛的公牛，并且在人们指定的区域把它用绳子套住，而后给这头公牛戴上鞍子，套上笼头，再骑在它的背上，与另外两头从斗牛场里放出来的最凶猛的公牛对决。只要人们一下命令，他便会在规定的时间内，在没有任何人帮助的情况下，将它们杀死。最后，总督批准了他的请求，这个印第安人也很好地完成了他的诺言。如果你们想要了解这件事更多的细节，请详细参考戈耶先生的著作《关于博物学上的考证》，十二开本，第一卷，第二百六十二页。这段故事就摘自此书。

[7] 布封先生说："马的寿命与其他动物相同，与它们的发育成熟

时间成正比。例如，人从出生到发育成熟需要十四年，寿命是发育成熟年龄的六倍或七倍。因此，人类可以活到八十一岁甚至一百岁。而马从出生到发育成熟需要四年，同人类一样，寿命是发育成熟年龄的六倍或七倍。因此，马可以活到二十五岁甚至三十岁。大部分的动物都有这个特征，极少数的动物不遵循这个生长规律，因此，我们在做结论时不应该受到这些个例的影响。那些肥胖的马发育时间通常比体型瘦小的马发育时间短，因此肥胖的马的寿命也没有体型瘦小的马的寿命长，通常在十五岁时就差不多到了老年。”（《有关马的博物学》）

[8] 我又发现了存在于以植物为食物的动物和以肉为食物的动物之间的一个更为常见的差异，这个差异比我在注释 [5] 中提到的差异更加广泛，因为这一差异将其存在范围扩展到了鸟类。这个差异主要表现在它们生育后代的个数上。那些完全以植物为食物的动物通常一胎生育的后代个数不超过两个，而以肉为食物的动物所生育的后代个数要远远超过两个。

这一点，我们单从它们乳房的个数就能洞悉大自然的安排：第一类雌性动物只有两个乳房，例如羊、马、牛、鹿等；而第二类雌性动物往往有六到八个乳房，例如狗、狼、猫、老虎等。而且鸡、鹅、鸭也都属于以肉为食物的动物，还有鹰类的食肉型动物，它们可以一窝下很多的蛋，而且它们也可以一次性孵化很多蛋。但鸽子、斑鸠以及那些只吃谷物的鸟类不会有这种情况发生，它们通常每次最多产下和孵化两个蛋。现在我能想到的导致这种差异产生的原因可能是，那些以植物为食物的动物每天需要花费大量的时间去寻觅食物，填饱肚子，以至没有精力同时抚养多个孩子；而那些以肉为食物的动物很快就能吃饱，因此它们有大量的时间去为孩子寻找食物和捕猎，这样很快地就能补充喂孩子所消耗的奶水。

对于这一点，需要我们去发现和验证的特殊现象还有很多，但是，在这里，我就不再过多论述了。因为对于这一部分，我需要通过论证得出大自然最普遍的体系，正是这一体系使我们把人类从以肉为食物的动物类中排除，再划入为以植物为食物的动物类。

[9] 一个著名的作家曾经对人类享有的快乐和遭受的痛苦做过对比分析，他发现人类遭受的痛苦比他们享有的快乐多。由此看来，生命是大自然馈赠给人类的最不受欢迎的一个礼物。对于这个结论，我并没有感到稀奇，因为他是以文明人的结构为研究对象得出来的结论。

假如这位作家以野蛮人的生活状态为研究对象，那么他可能就会得出截然不同的结论。他会发现，人类遭受的痛苦都是自己一手造成的，并不能将责任归咎于大自然。实际上，我们人类沦落到现在如此不幸的地步并不是一蹴而就的。一方面，我们能够发现人类取得了不错的成绩。他们从事科学研究，发明了各种各样的艺术，使用上千万的人力资源，填平沟壑、击碎岩石、开垦土地、挖掘湖泊、沥干沼泽，他们在地面上建起高楼，培养众多水手和制造许多船舶，让他们在海面上漂荡。另一方面，如果我们人类稍微考虑一下它们是否真的为人类带来了幸福，我们就会十分惊讶地发现，这些事情所带来的利弊是如此不平衡，从而不得不让我们叹息人类的盲目：他们沉迷于自己的狂妄和无限制的自我欣赏之中，十分狂热地追寻他们将要承受的痛苦，而这些痛苦，正是仁慈的大自然千方百计地想让人类免于遭受的。

如今的人类已经变得邪恶，这已经被过去长时间的悲惨经验证实了。但是，最初人类的天性是善良的，这一点我在前面已经进行过相关论述。那么是什么原因使人类沦落到如此悲惨的地步？除了人类结构的变化、持续获得的进步和智慧之外，还会有什么原因呢？即使人们常常醉心于人类社会的美好，但有一点是肯定的，这个社会必然是堕落的。在这个社会里，人与人之间的利益需求越千差万别，人们彼此间的猜忌会变得越来越多，最终会导致人们表面上相互帮助，暗地里却相互残杀的局面。

人们在交往中只遵循他们自己给自己制定的一套规则，即使这套规则与公众理性倡导的规则不一致。人们在这样的交往中，往往做出一些损人利己的事情。对待这种交往，我们有什么看法呢？或许没有哪一个有钱人的继承者，甚至是他的子女，不默默诅咒他早些死去，以继承他的财产；没有哪一次海难，对商人来说不是一个好消息；没有哪一个债务人不盼望存放借据的房屋和借据被烧毁；没有哪一个民族不希望他的邻国遭遇灾难。就这样，一部分人可以从另一部分人的损失中获取利益，一部分人的损失总能增添另一部分人的财富。

但是，还有更加险恶的事情，有很大一部分人盼望着国家发生集体性灾难。有的人希望暴发一场瘟疫，有的人希望越来越多的人死亡，有的人期盼着战争，有的人盼望着闹饥荒。我曾见到过有的人遇到粮食丰收的年景却大声痛哭，还有那场给伦敦造成巨大财产损失、许多人因此丧生的火灾却成了成千上万人发家致富的机遇。

据我了解，蒙田之前批评过一个叫戴马德的雅典人，原因是戴马德惩罚了一个通过高价销售棺材而牟取暴利的工匠。蒙田觉得戴马德不应该只惩罚那个卖棺材的工匠，而应该惩罚这个社会上的所有人。在这一点上，我很赞同蒙田的观点。

因此，对人类彼此之间伪善地相处认真观察，可以发现他们内心真实的想法。我们可以想一下，如果人类社会中到处充斥着虚假的和气，暗地里却相互残杀，如果人们因为履行义务而成为仇人，如果人们因为利益冲突而彼此算计，那么这个社会将会变成什么样子？如果有人跟我说，社会就是这样构成的，每个人服务他人都是为了得到回报。我将会告诉他：那当然很好。如果不损害他们的利益，而且能够获得好处，当然是再好不过了。但是你要清楚，损害他人所获得的非法利益往往要比通过合法途径获取的利益多得多。因此，人们开始寻找一种可以获得非法利益但不用受到惩罚的方法。在这一方面，强者的武力和弱者的计谋都成了作恶武器。

野蛮人在吃饱之后是可以和大自然和平相处的，并且很容易与其他同类成为好朋友。但是，他们有时候也会出现争夺食物的情况。与社会状态下的人类不同，野蛮人在没有得出与他人打斗和到别处寻找食物哪个更容易之前，是不会贸然出手争夺食物的。由于他们之间还不存在自尊心的观念，因此他们之间的争斗也不是必须得分出个胜负。他们打不过最多也就是挨上几拳头，等到胜利者拿到食物，输了的人就另想办法，抢夺食物的怒火很快就平息了。

但是，这样的事情如果发生在社会状态下的文明人身上，情况就会有所不同。文明人会想方设法拿到生存物资，继而再获取更多需求之外的东西。他们很享受这个过程，紧接着就聚集了大量的财富，拥有了更多的臣民和奴隶。他们不停歇地去追求这些。奇怪的是，对于那些越是不必须也不迫切的需求，他们越是进行狂热地追求。不幸的是，为了满足这些需求，他们使用的手段也越来越强硬。这样，在经历长期的繁荣、浪费大量财产以及奴役过很多人之后，我们的主角终于战胜一切，成为世界上唯一的统治者。这大概就是人类生活的缩影和人类道德的概况，抑或所有文明人隐藏在内心深处的企图。

请你公正地、无差别地比较一下社会人和野蛮人的生活状态。如果你感兴趣，你还可以再深入研究一下，除了社会人的邪恶、欲望、灾难外，又开辟了多少痛苦和死亡的道路；如果仔细观察，你会发现那些令我们煎熬的精神上的痛苦、把我们变得心力交瘁的强烈欲望、压榨穷苦百姓的超负荷劳动以及令富人沉迷其中的、过度舒适的甚至有害生命的安逸生活；你还可以想到各种混搭的食材、有毒的调料、腐烂变质的食物、混入杂质的不合格药物、售卖假药的商贩的欺诈、医生开出的错误处方以及配制药品所用的各种有毒器具。同时，你还会发现人口稠密的地方因为空气流通不畅而引发的各种流行性疾病、由于生活方式的过度讲究、室内室外温差过大、衣物增减的数量不合理而造成的疾病。你还会发现，沉迷于享受的身体器官，一旦得不到满足，就可能导致我们失去健康甚至是生命。如果你注意到遭受火灾或地震的村庄，在短短一个月死了数千人，总之一句话，如果你将种种危险联系起来观察，你就会发现我们因为没有听从大自然善意的安排而承受了多么深重的灾难。

在这里，我就不再提我之前在其他地方谈过的关于战争的事情了。但是，我希望那些了解这方面幕后操作的人愿意或者敢于向公众揭露那些军中的粮食供应商和医院的负责人在军队中所做的恶行。我们可以发现，这些人的做法并不十分隐秘，但他们能够令十分出色的军队迅速瓦解，使士兵死亡的人数比那些被敌人炮火射击死亡的人数还要多。另外，这样死亡的人数甚至要远远超过每年被海水吞噬的人数。这些人有的是饿死的，有的是因患坏血病死的，也有的是遭遇海盗袭击被杀死的，还有在火灾或海难中丧生的。很明显，所有这些谋杀、毒杀、拦路抢劫，甚至是对这些罪行的惩罚本身，都应该从私有制的建立上寻找原因。因此，社会也不能免于谴责。虽然这些惩罚能够在一定程度上预防更严重的危害发生，但是一个人被人杀害需要两个或两个以上的人来偿命，这显然加重了人类的损失。此外，为了压制人类生育的本能和欺骗自然规律，人类到底还有多少种耻辱的行为？这些行为侮辱了大自然最高尚的作品——生育的本能。这些癖好是野蛮人和动物都没有的，它们是文明社会里的人类想出来的。有些人为了保全名声，秘密地将腹中的胎儿堕掉，有些人将婴儿抛弃或者溺死，无数个婴儿成为他们父母穷困或母亲残忍羞耻心的受害者。最后，有些人不幸地被阉割，他们身体的一部分和他们的整个生命都因为毫无意义的歌谣的吟唱而牺牲，或者更惨的是，成为某些人残忍的妒忌心的牺牲品。在这种状态下，不管是从被阉割者的境遇来看，还是从他们被利用的意图来看，这些方法都严重侮辱了大自然[①]。

如果我们仔细观察从人类的起源到人类建立并宣扬各种神圣的关系，可以发现人类正持续走向堕落，那么真正的情况是怎样的呢？在这些关系中，人唯一关心的就是他们的财产，而大自然的诉求只是他们做事时考虑的一个微不足道的因素。社会的混乱导致了人们难以清楚地区分美德和恶行。克制欲望被视为罪恶的怯懦，而拒绝为同类奉献自己的生命却被视为一种人道行为。对于这种种怪相，我并不打算揭开那掩盖各种恶行的纱布，我需要做的就是将这种种恶行的缘由公之于世，然后让别人为此寻找解决的办法。

---

① 那些借用父权公开违反人道的事经常发生。因为父亲的暴力压制，造成他们子女的天赋被埋没、思想不能自由成长。有很多人原本可以一展拳脚开创自己的事业，但却在他们厌恶的领域中一直消沉；在与自然秩序截然相反的社会秩序之下，有无数个原本可以幸福的婚姻，却因双方的社会地位悬殊而不得不被拆散或受到阻挠，有无数个忠贞的妇女受到了侮辱，有无数对忠贞贤惠的男人和女人因为错误的婚姻而郁郁寡欢。由于父母的贪婪，有无数个子女深受其害，他们或沉迷于奢侈放荡的生活或整日以泪洗面，在他们摆脱不了的婚姻关系中痛苦地呻吟着。如果他们在还未对暴力威胁妥协之前，鼓起勇气，放手一搏，脱离了这种生活，那么应该算是比较幸运的。可怜的双亲，请宽恕我又使你们回想起了这段痛苦的往事。但是，我希望你们的痛苦能为那些敢以大自然名义挑战神圣权力的人提供一个借鉴。尽管我们认为这些都只是我们的社会制度带来的不幸，但是，我们并不能想当然地认为那些由爱情和同情心组成的婚姻就没有任何弊病。

除了上述种种不幸之外，我们发现还有许多使我们短命或者对我们身体有害的职业，例如，采矿、冶炼各种重金属和矿物质，特别是加工铅、铜、汞、砷和雄黄的工作。此外，还有一些每天造成大量人口死亡的高度危险作业，例如，修补屋顶、搭建屋架、粉刷房屋、开采石矿等工作。如果我们把这些想象归纳起来，那么就会发现在人类社会建立和逐渐发展的过程中人口数量持续递减的原因了。同时，对于人口数量的持续减少现象，已经有很多哲学家注意到了。

那些沉迷于享乐和希望得到他人尊重的人是无法拒绝奢侈行为的，而社会中的种种恶行在奢侈行为的推动之下更加普遍。表面上，富人用自己的财产来供养穷困的人，实际上，这样只会让穷人更穷，从而导致国家的人口数量进一步缩减。

自称能够改正各种恶行的奢侈行为要比这些恶行本身更加可怕。或者更确切地说，在这些国家中，奢侈行为本身就是最大的恶行。在一个或大或小的国家里，为了养活大批被奴役的人或者懒散之人，艰辛的劳动者们被迫陷于破产的境地。它就像南方的热风，将贪婪的昆虫带到了草地和田野上，这些昆虫将会把益虫的食物吃得一干二净，因此，凡是经过这股热风摧残的地方，都必定会出现大片的饥荒和死亡现象。

社会以及由社会造成的奢侈行为产生以来，出现了文学艺术、工艺、商业贸易和文字，这些新兴领域在使国家走向繁荣的同时，也会逐渐变为无用之物。在这一条件下，工业却开始慢慢繁荣。原因很简单，我们可以发现，由于农业受本身性质的局限，所以它在所有行业中回报最小。因为农业产生的粮食是人们普遍需要的，因此普通百姓就能买得起它。同样，我们可以得出一个结论：一个产品的价格和它的普及率成反比，而这些人们最需要的产品，也往往是人们最容易忽略的。从这一点，我们就大致明白应该以什么样的态度去看待这些新兴工业带来的利益以及这些进步带来的实际效果了。

这就是那些富裕的国家遭遇种种不幸的重要原因吧！随着工业和艺术的发展和繁荣，从事农业的人不仅遭到歧视，还要为维持国家的奢侈行为缴纳税款，最终，他们只能在每天辛苦的劳作和饥饿中度过一生，于是，他们只能离开农田，被迫去大城市谋求生存。愚蠢的人们越是羡慕大城市的美好，那么农业就越不被重视，最后导致田地无人耕种、常年荒废，大街上出现越来越多的乞丐和盗贼等不幸后果。这些人最后会接受车轮刑的惩罚或穷困一生。就这样，国家日渐富裕的同时，也在一步步地走向衰落，人口数量也逐渐减少。也是因为这个原因，那些经过一番努力之后强大的国家会逐渐衰落，直到被那些野心勃勃的弱小国家吞并。于是弱小的国家成了富裕的强国，然后又逐渐衰落，被其他弱国吞并，就这样周而复始、循环交替。

希望有人能够解答一下我的疑问，在欧洲、亚洲和非洲生存了几个世纪的野蛮人是如何产生的？野蛮人数量如此之多是因为他们有高超的技术、公正的法律和完善的典章吗？希望那些智慧的人告诉我们，那些残酷、凶猛而又没有知识、理性、不受约束的野蛮人为什么没有因为争夺猎物和食材而相互斗争，他们的种族反而越来越壮大？希望贤明的人给我解释一下，这些悲惨的人为什么敢蔑视我们这样拥有完善的规则和法律的文明人呢？最后，还想再请教一下，北欧地区的那些国家自从社会制度日益完善之后，大力发展教育，倡导人们履行义务、和平相处，但是，为什么他们国家的人口数量反而比以前更少呢？我十分担心有些人会肆无忌惮地给出答案：艺术、科学和法律，所有这些伟大的发明都是人类花费很多精力才创造出来的，它们的功能就是为了在一定程度上限制人类的过度生育，减少人口数量，这样才能使我们在这个世界生活得更舒适，否则就会使我们的生活空间越来越狭窄。

面对这样的情况，我们该怎么办呢？难道要毁灭社会，取缔私有制，再回归到自然状态下和熊一起生活吗？这可能是我的反对者得出的结论。对于这样的结论，我更愿意自己先提出来，以避免他们因那些不合理的结论而感到耻辱。

人类啊！你们从来没有听到过上帝的旨意，你们认为平安地过完这短暂的一生就是人类生存的唯一目的，那么你们完全可以将罪恶的财产、焦虑的心情、堕落的灵魂以及疯狂的欲望全部丢弃在城市，重新回归到你们最古老、最纯真的状态，自己做自己的主人。你们回到一片森林，在那里，你们几乎看不到或者彻底忘掉了你们同类所犯下的罪行，不用担心会贬低你的同胞，你们在放弃人类知识的同时，也摆脱了他们的邪恶。对于那些和我一样，已经被种种欲望毁掉了纯朴，再也不能把草和橡树当作食物充饥，不能失去法律的约束和首领的统治的人；那些从他们的先祖就已经开始接受与自然法则不同的社会教育的人；那些从起初就赋予人类行为一种道德性，然后将这个意图视为一句格言的人——这句格言对任何人都一样，用任何其他学说都无法解释——总之，就是那些相信上帝会带领人类获得理性和幸福的人：那些人都在学习美德的同时致力于实践美德，为的是让自己能够不辜负那份期待已久的赞赏。作为人类社会中的一员，他们由衷地尊重这个社会中产生的各种神圣关系，他们关心自己的同类，并全心全意地为他们着想，他们严格遵守法律，服从法律的制定者和执行者，他们十分敬重那些贤明、睿智的统治者，因为理智的统治者能够阻止、治愈和减轻那些想要腐蚀我们的弊病和罪恶，他们敢毫无畏惧、不卑不亢地在那些伟大的统治者面前指出他们所担负的职责和任务的重要性，他们也善于点燃君主们的热情。但是，他们对那种只能依靠大量的贤能可敬之人的支持才能够实行的宪法表示蔑视，因为现实中贤能之人不多见。因此，宪法的实施效果并不理想；对于这个弊大于利的宪法，无论他们怎么注意，还是会在不经意间表现出对它的不重视。

[10] 我们通过自己观察或者从史学家和旅行家所记载的书中发现: 人类中，有的人是黑皮肤，有的人是白皮肤，也有的人是红皮肤，有的人的头发是直的，有的人的头发是卷的，有的人的毛发几乎覆盖了整个身体，有的人却连胡子也不长。过去曾经存在过，甚至直至今天也许还存在着一些体格高大的民族。但是除了那过分夸张的匹格美神话，我们也都知道拉普人和格陵兰人，他们的身高远远低于普通人类的正常身高；甚至有人声称有些民族中的每个人都长着同四肢爬行动物一样的尾巴。

此外，虽然我们不完全相信希罗多德人和克德佳斯人在他们的书中记载的事情，但是我们可以从中得到一个比较客观的结论：民族之间的生活方式不同，而且在古代不同民族之间生活方式的差异要远远大于现在。如果我们再细心观察，还可以进一步发现，在身体结构和习惯方面，不同民族之间也存在着惊人的差异。我们可以很容易地为这些事实提供证据，只有那些将自己的视野固定在周围事物上的人才会为这些事实感到惊讶。因为这些人不知道天气、空气、食物、生活方式和一般的习惯存在差异，甚至不知道这些因素将会持续影响他们的子孙后代。

现在，商业贸易、旅游业发展和战争扩张使不同民族之间的距离越来越小，再加上不同民族之间的交流日益频繁，他们的生活方式也开始逐渐趋同。因此，有些人发现，某些民族之间的差异几乎消失了。例如，过去罗马人与法兰克人来往频繁，使得法兰克人受地域影响形成的白皮肤、金黄色头发的特征不再明显。后来，法兰克人与同是白皮肤、金黄色头发的诺曼底人结合在一起，他们的后代，在时间与气候的影响下又渐渐恢复到了当地人的自然体质和肤色特性。但是，我们还是可以很明显地看到，拉丁史学家笔下对法国人白皮肤、金黄色头发、身材魁梧的描述已与今天的法国人的基本外貌有些许不同了。无数原因导致了人类之间存在差异。整理所有这些差异后发现，那些曾经被旅行家描述为与人类相似的动物或者各种野兽，是否就是真正的野蛮人呢？旅行家之所以将他们视为动物或野兽，是因为旅行家没有仔细观察他们，而是仅仅凭借着表面上的几处差异或者他们没有语言交流，便认为他们不是人类而是动物或野兽。实际上，野蛮人很早以前就在丛林四处生活，丛林中没有发展其任何潜在能力的需要，因而野蛮人的能力没有得到完善，还处于最原始的自然状态。为了证明我的观点，我举下面这个例子向大家说明：

《旅行史》的作者曾说：人们在刚果王国发现了许多外形高大的动物。这些动物在东印度被称为奥朗 - 乌当，它们是介于人类和狒狒之间的一种动物。根据巴特尔所说，人们在卢安哥王国的麦永巴森林中发现了两种野兽，其中比较高大的一种称为朋果，而另一种则称为昂日克。朋果与人类十分相似，只不过比人类长得高大。它们长着一双深邃的眼睛，而且它们的双手、脸颊和耳朵上和人类一样没有毛发，它们还长有很长的眉毛。它们身体其他部分的毛发并不稠密，颜色是棕色的。它们与人类唯一不一样的部位就是腿，它们的腿上没有腿肚。它们直立行走，并时刻用手拽住它们颈部的毛发。它们将住所安置在树上，并在上面搭一层类似于屋顶的遮雨的东西，晚上在里面睡觉。它们不吃肉，以野生的水果和坚果为主要食物。经常在森林中行动的黑人在天黑的时候往往会生一堆火。他们发现，当他们早上离开火堆时，朋果们就会坐在火堆的周围，直到火堆熄灭之后才会离开。因为，虽然它们身体十分敏捷，但是还没有足够的智慧去理解往火堆里加柴火就能保持火堆不熄灭。

它们有时会成群结队，杀死在森林中行走的黑人。它们甚至还敢用拳头或者木棒攻击那些跑到它们居住的地方吃草的大象，打得大象哀号不已，直到大象逃走为止。人们从来没有活捉过一只朋果，因为它们过于强壮，以致十个人也拿它没有办法。但是，黑人曾经打死过一批雌性朋果，然后抓了一些年幼的朋果，因为朋果的幼崽和母亲一起生活。每当一个朋果死后，其他朋果就会用树枝和树叶盖住死去的朋果的躯体。波尔柴斯也曾经说过，在和巴特尔聊天后得知，朋果从巴特尔那里抢走过一个年纪尚小的黑人，他在朋果的队伍里整整生活了一个月。根据那个黑人讲述，只要他不与朋果对视，这些朋果就不会伤害被俘虏的他们。而另一种动物昂日克，巴特尔并没有谈及。

达拜尔进一步指出，上述动物奥朗－乌当在刚果王国到处可见。奥朗－乌当的意思是“丛林中的居民”，非洲人将它们称为果加斯－莫罗斯。他还说，由于这种动物和人类特别相似，以致有些旅行者认为它们可能是女性人类和猴子杂交的产物。对于这种荒诞的说法，想必即使是黑人也不会认同。曾经有人将一只朋果从刚果运到荷兰，赠送给当时的奥伦治王腓特烈·亨利，这只朋果的身高大概像三岁小孩那样，身材适中，而且比例协调，十分灵活。它有十分粗壮的大腿、胸前没有长毛，但是脊背上长着一层厚厚的黑毛。猛地一看，它的脸和人类的脸很像。但是它的鼻子呈扁平状，鼻尖翘起，它的耳朵和人类的一样。由于这只朋果是雌性，因此胸前有一对丰满的乳房。它的肚脐凹进身体里，肩膀平行。它手掌的大拇指和其他几根手指分离，小腿和脚后跟看上去也粗壮厚实。它时常直立行走，还可以拿起比较重的物件。当它想喝水时，便会一只手拿起壶盖，另一只手托着壶座，喝完后，还会用优雅的姿势将自己的嘴唇抿干净；它睡觉时，头枕在枕头上面，然后将一些东西盖在自己的身上，很容易让人觉得床上正躺着一个人在睡觉。黑人记录了很多关于这种动物的传奇事迹。黑人说它们不仅追逐女性，还敢与手持武器的男人搏斗。总之，种种迹象表明，这种动物很可能就是古人所说的半人半羊形态的神。麦罗拉说黑人有时候狩猎获得的雄性或雌性的野人，多半就是这种动物吧。

另外，在《旅行史》的第三卷中也谈到了这种形似人类的动物。这种动物在那里被称为贝果或者曼德利尔。如果我们仔细读过上面的记述，那么我们就会发现这种动物与人类十分相似，甚至它们与人类之间的差异比人与人之间存在的差异还小。在这卷内容里，我们很难理解为什么作者不把这种动物当作野蛮人看待。我们现在可以猜想：或许是因为这种动物比较笨并且不会说话吧。

然而，那些熟知语言来源的人明白这些理由不成立，因为他们知道虽然人类的发声器官是人类出生时就有的，但语言不是自然赋予的。人类的语言能力是通过后天不断发展完善的。语言能力必须完善到一定程度，才能脱离原始状态。仅从对这些动物的描述，我们就能知道人们在观察这些动物时多么粗心大意，而且对这些动物抱有多么大的偏见。例如，人一方面将这些动物当作怪物，而另一方面又都认为它们可以繁衍后代。在不同的两段资料中，巴特尔说朋果会杀死路过森林的黑人，而波尔柴斯却说如果黑人不用眼睛直视朋果，朋果是不会杀死黑人的。早上当黑人离开森林里点燃的火堆时，朋果会围绕着火堆坐在一起，直到火堆熄灭以后才走。这是事实，但是观察者们这样解释这种行为："尽管朋果们十分灵活，但是它们的智力还没有达到往火堆里添柴火，保持火堆不熄灭的程度。"我实在不明白巴特尔或者编纂者是怎么知道朋果是因为头脑愚笨才离开的而不是它们自愿离开的。卢安哥炎热的天气使动物并不是十分需要火，而黑人点火也并不是为了取暖，而是为了吓跑那些猛兽。因此，这样就很好解释了：朋果在觉得烤火很热或者身体变暖之后，不愿意再待在火堆那个地方了，因此它们就离开那里去觅食了。而且朋果以植物为食，它们吃东西要比那些食肉动物吃东西花费更多的时间。另外，我们知道，包括人类在内的绝大多数动物天生就很懒惰，如果不是绝对的需要，它们是不会去行动的。最后，还有一件令人感到奇怪的事情：被人们夸赞行动灵活和身体强健的朋果，既然知道埋葬死去的同类，也知道用树枝搭建棚顶，那么它们怎么会不知道往火堆里添柴火呢？之前我曾见过一只猴子往火堆里添柴火，而人们却不承认朋果也有这个能力。遗憾的是，那时我还没有想到这一方面。但是我也犯了那些旅行家所犯的错误，因为我也从未想过那个猴子往火堆里添柴火是不想让火堆熄灭还是单纯地模仿人类的动作。无论如何，非常清楚的一点是，猴子并不属于人类异化的一种，这不单单是因为它们的语言能力，更重要的是，它们没有人类自我完善的能力，而这种自我完善能力是人类最典型的特征。但是，我们还没有对朋果和奥朗－乌当进行过仔细的研究，因为我们还不能确定它们是否属于人类异化的一种。但是，如果奥朗－乌当或其他动物属于人类的一种的话，那么即便是最粗心的观察家也可以通过某种方式用实验来证实。但是，对于这样的实验，只用一代实验对象是不够的，而且这个实验并不可行，因为在做这个实验之前，必须得论证这个实验的假设前提，这样才能使人们信服实验得出的结论。

轻率地做出论断绝不是成熟理性的行为，而且往往会误导人们。我们的旅行家毫不区分地将朋果、曼德利尔、奥朗－乌当视为野兽。

同样对于这些动物，古人则引入神意，将它们视为半人半羊神、林神或农牧神。假如我们再进一步深入研究，可能就会发现这些动物其实是人[1]。对于这个问题，在没有经过深入研究之前，如果我们相信商人巴特尔、达拜儿、波尔柴斯和其他编纂者的话，那么我们同样有理由相信麦罗拉的话，因为他不仅是一个修道士，而且还是一位学识渊博的人。他亲眼见过这些动物，虽然他的文章表达方面有些质朴，但是很有才气。

我之前提到过，在 1694 年发现了一个狼孩，这个孩子没有任何地方有理性存在的痕迹，用四肢爬行，不会使用任何语言，即使是发出的叫声也一点不像人类。如果让这些观察家对这个狼孩进行评价，他们会得出怎样的结论呢？那个向我讲述这件事的哲学家还给我说："经过一段时间，这个狼孩可以说话了，但是他的声音很粗糙。在他可以张口说话之后，人们问他过去的事情，但是，他一点也想不起来了。就像我们还处在摇篮时那样，什么事也记不起来。"如果这个狼孩不幸被这些旅行家遇到，他们在知道这个狼孩既不会说话又不聪明之后，一定会将这个狼孩重新丢到森林里或者将他关在笼子里，然后在他们的游记里将他描述成一个十分像人的野兽。

欧洲人在近三四百年里游历了世界的各个角落，他们还写了许许多多的游记。但我敢肯定的是，他们游记里描述的人类只不过是欧洲人而已。而且在对欧洲人的描述里还掺杂着许多文学家的偏见，他们对外宣称他们研究的对象是整个人类，但充其量只不过是他们本国的人民而已。个人往返于各个国家做着无用功，因为哲学通常是不旅行的，因此一个民族的哲学并不能适用于另一个民族。这其中的原因也

① 它们应该被归为人类，而不是野兽或者神明。

是显而易见的，通常只有水手、商人、军人以及传教士这四类人去那些遥远的地方，而其他人通常是不会进行长途旅行的，而且水手、商人和军人有很大可能不会仔细观察事物。对传教士而言，由于他们身上肩负着崇高的使命，如果他们没有受到所在国家的迫害，他们是不会仅仅因为好奇心去进行不利于他们履行使命的研究的。另外，为了有效地传播福音，只需要他们热诚，上帝就会赐予他们需要的其他东西。况且，从事研究人类这项工作，是需要特殊天赋的，但是上帝并没有将这种天赋赐予每一个人，即使是圣人也不一定都具有这种天赋。

当我们翻开任何一本游记，就会发现书里描绘的全都是关于景象风貌以及习俗的。而且，让我们惊讶的是，他们在书中描述的东西，都是被人们熟知的，他们所描述的遥远的地方，都是他们不用走出所居街道就能看的。而那些将各种民族区分开来的真正特征，即使就在他们眼前，他们也不会留意。于是那些愚蠢的哲学家便得出了这样一句奇葩的话："分布在世界各地不同种的人类都一样。他们都有各种欲望和罪行，因此没有必要去研究那些划分不同民族的特征了。"这样奇葩的结论无异于这种说法：皮埃尔和雅克两个人一模一样，因为他们的鼻子、嘴和眼睛数量都一样。

难道我们就再也回不到那个幸福的时代了吗？那时候，人们还没有开始研究哲学，而像柏拉图、泰勒斯和毕达格拉斯这样求知欲强烈的人纯粹为了追求真理而远走他乡。在那遥远的地方，他们拒绝带着民族偏见观察人，积极从各国人的共性和个性中研究他们，进而提炼出一种具有普遍性的知识。而这种知识不仅适用于一个时代或者一个国家，而且还适用于所有时代和所有国家，它是智者们都应该具备的学问。

人类十分欣赏那些有着好奇心和探索欲的人的壮举。他们花大量的钱自己或者聘人带领一群学者和画家去东方游历，去临摹那里简陋的房屋，分析或者抄录那里的铭文。然而，我很难理解，在这样一个知识丰富的时代，为什么就没有出现两个兴趣相同的人，他们分别拥有金钱与才华，而且都喜欢追求荣耀和不朽，富人拿出来两万埃居，而有才华的人拿出自己十年的光阴去环游世界，除了研究各种石头和花草之外，还专门地研究当地的居民和风俗习惯。在他人投入许多个世纪去测量和观察人的住所之后，他们终于决定去研究一下各地的人了。

虽然科学院院士有几何学家和哲学家的双重身份，但是他们在曾经游历欧洲北部和美洲南部时主要是以几何学家的身份出行的，所以，对于拉·孔达明和莫佩尔蒂等学者观察和描述过的地方，就不能再当作没有被发现的地域了。

珠宝商沙尔旦曾经效仿柏拉图那样游历，而且对波斯进行了详尽的描述；耶稣会的传教士已经对中国做过非常详尽的研究；荷兰旅行家康普佛尔已经详细描绘了他在日本的所见所感。在这些游记之后，我们还是对生活在东印度的居民一无所知。虽然欧洲人经常往返东印度，但是他们去那里的目的只是赚钱，而不是满足自己的求知欲。整个非洲以及居住在那里的性格和肤色都有差异的人还需要我们去研究。在地球上存在着许许多多的民族，我们现在还停留在仅仅知道他们名字的阶段，却对外扬言我们已经了解了他们。如果有一个像孟德斯鸠、布封、狄德罗、杜克洛、达朗贝尔、孔狄亚克或者同样有才能的人，为了向他们的同胞传播更多的知识而甘愿去游历世界的各个角落，按照他们各自的才能去观察和记述土耳其、埃及、巴巴里尔、摩洛哥王国、几内亚、卡菲尔、非洲内陆及其东海岸、马拉巴尔、蒙古、恒河两岸、暹罗王国、贝古王国、阿瓦王国、中国、鞑靼、日本以及另一个半球的墨西哥、秘鲁、智利、麦哲伦海峡、真假难辨的巴塔哥尼亚、图库曼、巴拉圭、巴西，最后再加上加勒比海、佛罗里达州和所有野蛮人居住区。这场游历意义重大，需要非常细致地去准备。假设这些新的赫拉克勒斯进行完这场记忆深刻的旅行之后，根据他们的所见所闻，静下心来详细地描述这些地方的自然、道德、政治的历史，我们就可以根据他们的记述看到一个崭新的世界，这为我们探索自己的世界提供了方便。

只有这样的观察者做出的关于某种动物是人类还是其他野兽的论断，我们才可以相信。而对于那些未经仔细观察就妄下论断的旅行家所得出的论断，我们还需要保持怀疑态度。我们可以质问他们在研究其他动物时所遇见的问题。

[11] 我认为这是非常明显的，我很难理解我们的哲学家是怎样得出生活在自然状态下的野蛮人有那么多欲望的。除了大自然要求他们唯一拥有的生理需求之外，他们的其他需求都只不过是来自习惯，而且这些习惯在养成之前，这些所谓的“需求”根本就称不上是需求；又或者来自他们的欲望，但他们只会对他们见过的东西产生欲望，那些令他们产生欲望的东西都是他们有能力操控或者容易得到的。因此，世界上不会再有谁的心灵比野蛮人的更安定、思想更局促了。

[12] 阅读洛克的《政府论》时，我发现了一种与众不同的论述。这种论述有些偏颇，以至我有必要在这里阐释一下。洛克认为：“雄性与雌性的结合为的不仅仅是生育，还包括保持物种的延续。因此，为了保护和照顾幼儿的生长，稳定地向幼儿提供独立生存之前所需的食物，雄性动物就得和雌性动物继续保持结合关系，直到这个幼儿能够自我满足为止。这是造物主运用智慧为他所创造的物种制定的规则。我们可以发现，那些比人类低等的动物在一丝不苟地遵守着这条规则。

在以草木为食的动物中，雄性和雌性的结合时间是十分短暂的，这种结合关系只要在雄性和雌性动物交配之后就立马解除。因为雌性动物的母乳可以为幼崽提供食物，直到幼崽能够独立满足自己的需求为止。雄性动物所做的唯一一件事就是和雌性交配，之后便可以离去，无须照顾雌性动物和幼崽，也无须为它们提供食物。但是，在食肉类动物中，只靠雌性动物捕获食物不能保证自己和孩子的生存，因为食肉动物获取食物的困难程度要远远大于食草类。因此，对于这个可以被称作共同家庭的组合，如果想要继续维持下去是需要雄性动物帮助的。这个家庭中的幼崽在能够独立捕获食物之前，雄性动物和雌性动物必须得共同照顾它。与这种情况相同的物种还有鸟类，但是如果家养的鸟类整日等待人类喂养，从不缺少食物，这种情况下，它们就不需要雄性鸟类来照顾了。人们发现，窝在鸟巢里的幼鸟是需要雄鸟或者雌鸟喂食的，这种情况下，雄鸟和雌鸟的结合关系就会一直保持到幼鸟能够独立觅食为止。”

洛克还认为：“男人和女人结合在一起的时间比其他动物长的主要原因之一是：女人在前一个孩子还未独立之前，有极大可能会再次怀孕。这样，孩子的父亲就不得不照顾他的孩子，而且这种照顾还需要很长一段时间，相应地，孩子的父亲被迫待在孩子母亲身边的时间也会比其他动物更长。因为其他动物的幼崽在新一轮生育开始之前就能够独立满足自己的需求，因此雄性动物和雌性动物的结合关系也就不存在了。在这种关系解除之后，它们又可以享受不受限制的自由，直到下一轮交配季节的到来，迫使它们重新选择交配的伴侣为止。到这里，我们为造物主的智慧骄傲。它让人类不仅拥有满足现在的能力，而且还具备筹备未来的能力。它希望人类两性的结合时间比其他动物雌雄结合的时间更长久。而且，它还想通过这种方式去刺激男人和女人的能动性，让他们之间的利益结合得更加紧密，以便更好地照顾他们的孩子，为孩子创造更好的生活条件。因为，再也没有什么事情比父母之间的关系不稳定或者频繁离婚对孩子造成的伤害更大了。”

基于对真理的追求，我将洛克的论述如实地展现出来，也正是基于对真理的热爱，我在展现洛克论述的同时，另外陈述几点我的看法。这些看法即使解答不了这些问题，但至少可以使这个问题更加清晰明了。

第一点：我首先要说明，从精神角度去论证物质方面的问题并没有很大的说服力，它可以解释已经存在的事情，但不能说明事物存在的本质。在上面引用的话中，洛克正是采用了这种论证方法。因为，即便是男人和女人的结合时间比其他动物更长会有利于人类繁衍，但是我们也不能推断出这是大自然的安排，否则，我们就不得不说文明社会的建立、艺术的发明、商业贸易的往来以及所有对人类有用的东西都离不开大自然的安排。

第二点：我不知道洛克先生是怎么得出食肉类雌雄动物的结合时间比食草类动物的时间更长，而且雄性动物会协助雌性动物喂养幼崽的结论的。因为，我们并没有看到雄性的狗、熊、狼对有交配关系的雌性伴侣的关照比其他四肢爬行的动物多。实际情况正与此相反，相较于食肉类动物，食草类动物中的雌性动物在喂养幼崽时，对雄性动物的依赖性更大。因为食肉类的动物，例如母熊或者母狼，能够很快地捕获到食物，迅速填饱肚子，然后有更加充裕的时间去喂养幼崽。对于这一点，通过对乳头和幼崽数量的观察就可以证实，同时这也是对食肉类动物和食草类动物进行区分的重要标志。这一点，我已经在注释 [8] 中论述到了。如果这种观察是正确的、普遍的，女人有两只乳房，而且每次最多喂养两个孩子，那么，我们就更有理由怀疑人类天生就是食肉类动物的论断了。

因此，要得出洛克先生的结论，就需要把他的推论倒过来看。他所说的区分鸟类的方法是根本不存在的。因为，没有人知道雌雄秃鹫和雌雄乌鸦的结合时长长于雌雄斑鸠。有两种家禽与洛克先生的结论正好相反，这两种家禽就是鸭子和鸽子。在只以谷物为食的鸽子中，雄鸽子和雌鸽子总是一起为小鸽子提供食物。而鸭子截然相反。雄鸭子是公认的天性贪婪，它从来不会照看雌鸭子和小鸭子，也从来不会为它们提供食物。属于食肉类动物的鸡也是这样，雄鸡和雄鸭子一样，也不会给刚孵化出的小鸡提供任何照顾。因此，只有在小鸟最初没有飞行能力，而且雌鸟也不能为小鸟提供奶水的情况下，才会出现雄鸟帮助雌鸟喂养小鸟的情况。它们往往比那些用四肢爬行的幼崽更需要父亲的喂养，因为对那些用四肢爬行的雌性动物来说，它们的奶水至少在一段时间内是充足的。

第三点：洛克在此方面提出的推论基础还存在不确定性。因为，洛克描述的情况，即生活在自然状态下的女人，在前一个孩子还未能够独立生活之前，通常会再次怀孕，还无法证实。在这一点上不但洛克本人没有提供证据，其他人也无法提供证据。男人如果长期和同一个女人生活在一起，往往很容易导致女人再次怀孕。但是，我们很难相信，在纯粹的自然状态中，偶然的一次相遇或者极少数性欲的冲动就能带来和同居状态下一样多次怀孕的效果。怀孕次数减少会使产下的孩子身体更加健壮，而且还可以增强怀孕的能力，因为在青年时期受孕次数不多的女人，她们的生育能力可以保持到很大的年龄。

有很多证据表明，生活在文明社会中的小孩子的体力和身体器官的发育要晚于生活在自然状态下的小孩子。由于遗传了他们父母虚弱的身体构造，导致他们身体先天柔弱，同时他们从小被人保护，以致他们的四肢发育较晚，再加上他们的成长环境十分舒适，不仅可以吃母亲的奶，还可以吃其他奶制品，这一切都阻碍和延迟了他们身体的自然发育。人们迫使他们学习各种事情，并使他们全身心地投入，而忽略了锻炼身体和增强自身的体能，这样就造成他们发育更晚。因此，假如人们不强迫孩子们从小学习各种事情，而是让他们遵循大自然的规律成长，一直锻炼身体，我们可以断定，他们就能更早学会走路、做事以及独立满足自己的需求。

第四点：洛克先生的论述最多只能证明男人存在某种动机使他在女人生过孩子之后还留在这个女人的身边，但是不能证明女人在生孩子之前和九个月的孕期里，男人也待在这个女人的身边。如果在这九个月里，这个女人从来就没有和这个男人交往或者见过面，甚至两人即使见面也认不出对方，那么这个男人为什么会在这个女人生孩子时回来帮助她呢？他为什么要帮助这个女人抚养一个他根本不知道是不是属于他的孩子，而且他也从来也没考虑过这个孩子会出生？

显然，洛克先生将这些问题作为假定的事实了。因为，我们需要知道的是男人为什么在女人怀孕以后而不是在生过孩子之后还留在她身边。男人的性欲一旦满足之后，便不再需要伴侣，同样，女人也是如此。在自然赋予的生理需求得到满足之后，男人便会忘记这个女人，从此两人没有任何交集。没有任何证据能够证明，在九个月后，这个男人和这个女人还记得对方。关于这一点我在上文中提到过，这种一个人和另一个人发生性行为之后还记得对方的记忆只有在人类的智力取得很大进步或者堕落的情况下才会产生。我们不能断定处于自然状态下的野蛮人也有这种记忆。其他女性也可以像之前与他结合的女人一样，满足他的生理需求。在女性看来也是如此。当然，女人怀孕期间也存在性欲需要满足的假定还有待考证。

如果女人怀孕期间不再有生理需求的话，那么将不利于她与男人的结合。因为，她不需要任何男人，无论是使她受孕的那个还是其他的。这样，双方都不会主动建立结合关系。因此，洛克的论述将变得毫无根据。这位哲学家的全部论证也同样犯了霍布斯等人所犯的错误。他们想论证的是：生活在自然状态下的人是相互独立的，他们之间没有生活在一起的必然需求，一定有某些特殊原因使他们在一起生活。然而，他们没有跳出时代背景，而是想当然地认为男人和女人有各种理由需要生活在一起。

[13] 我就不从哲学角度对这种语言结构进行评价了。对于通俗语言存在的问题，恐怕不需要我来评论，因为博学的人将他们的特权看得太重，经常不会耐心听取我的建议。但是，那些维护真理的人却敢于挑战大多数人的意见，而且不会受到他们的责难，那就让他们来进行辩驳吧！“如果将语言的混杂和危害消除，让人们用统一的语言去沟通，让他们只需通过符号、动作、手势来表达和沟通任何事情，那么人类的生活会更加便捷。但是，现实情况却有所不同，我们认为的很愚蠢的动物在语言的统一性上做得都比我们好，因为它们不需要借助任何介质就能够进行快速、有效的沟通。这比我们任何一个人，尤其是那些利用外语才能把自己的想法表达清楚的人高明得多。”

[14] 柏拉图通过揭示离散量及其关联性的概念对所有艺术都是不可或缺的这一结论，去嘲讽那些与他同时代的人。这些人认为数字是帕拉莫德在攻打特洛伊时发明的，然而柏拉图通过严密的论证指出，在攻打特洛伊的时候，人类早已发明了数字和计算，要不然就不会有社会和艺术了，同时嘲笑说，难道阿伽门农在那个时候还不知道自己长了几条腿？

在获取其他知识以前就必须要了解这些数字和计算，但是这并不会让我们很容易地想象出数字发明的过程。数字一旦有了名称，我们就会很容易地解释它们的意思和所表达的含义了。但是，在发明这些数字的名称之前，需要人类运用哲学思维方式，在不依靠感知的情况下，从事物的表象中抽象出事物的本质。这就需要人通过反复的痛苦的训练，培养自己的抽象思考能力。这一过程只能通过刻意的训练来完成。假如人类没有经历过这种抽象思维的训练，那么这些数字的概念便永远不可能进行物种之间的转换，而数字的名称也不会被普遍地使用。

一个野蛮人可以感觉到自己有左腿和右腿，也可以将两条腿看作一个不可分割的整体，但是他肯定不知道他们有两条腿。因为前者是描述事物的客观事实，而后者则是确定事物数字的概念。野蛮人连从一数到五都不会，尽管他将两只手合到一块，知道两只手是相对应的，但是他不知道每只手上的手指数量都是相同的。正像他不知道自己的头发数量一样，他也不知道他们手上长了几根手指。即使是他理解了数字的概念以后，如果有人告诉他：你手指的数量和你脚趾的个数相同，他才会立马观察自己的手指和脚趾的数量，然后大吃一惊地说：原来它们的数量真的是一样的！

[15] 自爱心和自尊心是两个完全不同的概念，它们不管是在性质上还是在效用上都是不一样的。自爱心是一种原始的、自然的情感，它促使动物们保护自己。对人类来讲，它在理性的引导和怜悯心的约束下，催生了人道和美德。而自尊心是一种后天的、社会的情感，它促使人们之间相互比较，使人们把自己看得比别人重要，进而导致人与人之间相互伤害；它是荣誉心的本源。

根据上面的描述，我们可以得出结论：在自然状态下的人类，自尊心是根本不存在的。因为每个人都依照自己的标准去认识自己，将自己视为这个世界上唯一对自己感兴趣的存在，而且将自己视为自身才智的唯一评判者。因为他们相互之间并不存在比较，所以相互攀比这种情感就不会出现在他们的脑海里。

同样，他们没有任何仇恨或者报复心理，因为这两种心理只有在自己认为受到侮辱之后才会产生。而且造成侮辱的是轻视或者意图伤害等精神攻击，而不是对身体健康造成的直接伤害。因此，对那些从不和别人比较的人而言，即使因为某种利益冲突发生争斗，他们也不会彼此侮辱。总而言之，每个野蛮人看待他的同类就像看待其他动物一样，他可以抢夺弱者的食物，也可以将自己的食物让给强者。他把这些抢夺的行为看作理所应当，而不会有任何傲慢和蔑视的行为。而且，他们只会因为结果好坏而感到高兴或者难过，不会有其他情绪产生。

[16] 有一件事情需要我们特别关注：欧洲人多年来想尽各种办法让分布在世界各个地方的野蛮人适应他们的生活方式，但是，到现在为止，还没有一个成功的例子。即使他们借助基督教的力量，也没有用。因为，我们的传教士有时可能会让野蛮人信仰基督教，但不能让他们变成文明人。野蛮人是十分抵触我们的习惯和生活方式的，而且没有任何办法去化解这种抵触心理。如果野蛮人真的和我们所想的那样生活不幸，那么他们又怎么会一直拒绝学习我们的文明或者抵制学习如何像我们一样幸福地生活呢？相反地，我们在很多书中都读到过有许多法国人和其他欧洲人都愿意和野蛮人度过他们的一生，再也不愿意回到我们的文明社会中生活。我们也曾看到一些有智慧的传教士非常怀念他们在那些被人们轻视的部落中度过的安静美好的日子。有人可能会这样回答，是因为野蛮人太过愚笨，所以还不能正确评判他们与我们的生活状态有何差别。我会回答这些人，评价自己是否幸福

主要是看自己的主观感受，而不是理性判断。此外，这样的回答反倒更有利于批判我们文明人。因为，让野蛮人理解我们生活方式的乐趣十分困难，但是如果让我们去理解野蛮人生活方式的乐趣，那就更是难上加难。实际上，我们在经过一些观察后会发现，人类的一切工作都是为了实现两个目标：一个是为了自己的生活更舒适，另一个是得到别人的尊重。然而，野蛮人在森林中独自快乐地生活，他们时而捉鱼，时而吹着一个做工粗糙的笛子，即使他们吹不出来什么调子，他们也不想学吹出什么调子。我们又有什么途径来想象他们这种生活方式的乐趣呢?

人们已经多次带领野蛮人参观巴黎、伦敦和其他城市，想方设法地向野蛮人展示他们的奢华、财富以及种种最有用、最前沿的艺术。然而，这一切在野蛮人看来仅仅是一阵无意义的观赏，一点也没有激起他们想拥有这些的欲望。我曾经听说过一个故事：一个美洲的首领大约在三十多年前被带到了英国的宫殿，人们向这位首领展示了千百种精美的物品，但是令这位首领心动的物品一件都没有。我们的武器在首领看来又大又重，而且使用起来很不方便；我们的鞋子令他的双脚很不舒服；我们的服装令他穿着很尴尬。我们的所有物品都没有引起他的兴趣。但是，出乎意料的是，他最后竟然选了一条羊毛毯子披在肩上，这时有人问这位首领：“这条羊毛毯子对您还是有用的吧？”首领回答道：“是的，这条毯子和一张兽皮差不多，披在肩上很舒服。”如果在下雨天让他将这个毯子披上遮雨，他就不会说这些话了。

有人也许会说是习惯塑造了每个人独特的生活方式，这样才造成野蛮人不理解我们的生活方式的好处。如果按照这个说法，就会得出一种非常奇怪的结论：习惯使野蛮人喜欢他们的苦难生活胜过欧洲人喜欢他们的幸福生活。要回应这种反对意见，我既不以那些被迫学习文明的野蛮人为例，也不以那些被人们试图在丹麦驯养的格陵兰人和岛民为例。这些格陵兰人和岛民全部丧生于忧伤和绝望之中，其中有的人在悲伤中死去，有的人在逃回家乡的路途中被海水淹死。在这里，我仅仅举一个已经被证实的例子，以供那些称赞欧洲文明的人思考。

在好望角的荷兰传教士尽管尝试过各种办法，也没能让一个霍屯督人改信基督教。好望角的总督方·德·斯泰尔曾经收养了一个年龄很小的霍屯督人，他从小就被传授基督教教义和欧洲风俗。总督为这位小霍屯督人提供了大量漂亮的衣服，同时教他掌握好几种语言。这位小霍屯督人进步得很快，使教育他的人们付出的努力有了回报。总督很看好他的才能，将他和一位专员派去印度。这位专员也很看重他，将耶稣会的各种事务都交给他处理。当这位专员去世后，他便一个人回到好望角。回到好望角不久，在与霍屯督人相见过一次后，他便决定舍弃身上漂亮的衣服，披上一张羊皮。他披着这件羊皮，拎着华丽的衣服往城堡走去。在见到总督时，他将这些衣服还给了总督，然后说道："先生，请您宽恕我的所作所为。我一直排斥穿这种华丽的服装，而且也从未信仰过基督教。现在，我终于决定回到我的部落之中，按照霍屯督人的信仰、习惯和风俗生活，直到我死去。我希望能够继续保留您赠送给我的项链和短刀，因为它们可以时刻让我牢记您对我的关爱。"说完，在方·德·斯泰尔还没还来得及回答之前，他便不见了踪影。从此，他再也没有在好望角出现过。

[17] 也许反对我的人会这样认为："在混乱的情况下，如果大自然对人类群聚状态没有限制的话，人们会放弃相互残杀，四处分散地生活。"当然，这些限制也就是地球本身的限制。如果假定在自然状态下人口数量会激增，我们就可以发现，地球上的各个角落都会挤满

人类，人类生存的空间也会随之变小。除此之外，如果灾难来得猝不及防，人们也可能会分散而居。但是，由于他们从小就生活在枷锁之下，当他们感觉到这些沉重的束缚时，才发现早已习惯被它们约束了，之后便静静地等待着挣脱这些枷锁的机会。最后，当人们已经习惯于群聚带来的种种便利时，他们就很难摆脱群聚状态再回到原始状态了。在原始状态下，人们可以不用征求别人的意见，按照自己的想法做事。

[18] 德·维拉尔将军曾说，一个出售粮食的老板在一次战役中弄虚作假，导致他的部队徒增了许多伤害。之后，他斥责了这个老板，并警告说要绞死他。这个老板却满不在乎地说道：“我不怕你的威胁。人们是不会绞死一个财产有上万埃居的富人的。”这位将军迷惑道：“我不知道为什么会出现这种情况，尽管有足够多的理由判他死刑，这个老板最后却没有被处决。”

[19] 在文明状态下执行的公平分配与自然状态中严格意义上的平等是对立的。因为国家的运行需要本国成员根据自己的才能提供服务，所以国家会根据公民的贡献赐予其相应的待遇。

我们可以从这个方面出发去理解伊索克拉底关于古雅典人的论述。他的观点是：古雅典人从两种不同的公正模式中选取了对自己最有利的一种模式。这两种模式分别是：第一，不加区分地给予所有公民同样的利益。第二，根据每个公民的贡献量分配利益。他总结道：通过排除第一种模式，这些政客便不得不采用第二种模式。但是，首先我们需要明白，不管一个社会腐败到何种程度，好人或坏人还是可以区分的。其次，从道德角度看，由于法律的制定无法精确到为法官所有的裁决都提供一套规则，因此，为了防止法官滥用自由裁量权，损害公民的利益，规定在法律允许的范围内，法官只评判行为，而不评判人，而且能够经得起法官监督的或许也只有古罗马人那样质朴的风俗吧！后来，法官裁判的出现扰乱了所有的事情，因为区分好人和坏人的权利只能交给普通民众，而法官只是法律上的裁判者。在道德好坏的评判方面，人民才是真正的判官，因为人民是耿直的、经验丰富的审判员，虽然他们偶尔被蒙骗，但不可能被败坏。因此，个人品德的好坏不应该作为公民等级的评定标准，因为这样可能会导致法官滥用权力，肆意解读法律；公民对国家的实际贡献才是公民等级的评定标准，只有这样才能更准确地做出评判。

附录一：卢梭致菲洛普利的信

菲洛普利先生：

您在信中问了我许多问题，可以看出，您是希望从我这里找到答案的。这本著作是献给我同胞的，为了不辜负他们赋予我的荣誉，我必须为它辩护。您对我正面或者负面的评论，我就不提了，因为它们几乎可以两两相抵了。我对此不感兴趣，公众对此更不感兴趣，而且这些评论对探索真理也毫无帮助。因此，我将从您对我提出的论点开始说起。

您对我说，社会起源于人类的能力和天性，一个没有社会性特质的人类就不能被称为人类，而且批判人类社会就等同于批判上帝的旨意。先生，在回答您提出的问题之前，请让我向您提一个问题。如果能找到一条捷径，那么我也就不会用这么曲折的方法来解决问题了。

假如有些学者在某一天发现了使人类快速变老的技术，并鼓励人们采用这种新奇的技术。显然，让人类使用这一技术并非想象中的那么难，因为承载了我们人类所有愚蠢的理性不会让我们错过这个罕见的技术。特别是那些哲学家和学者，为了挣脱欲望的束缚，获得灵魂的安宁，他们会大步向涅斯托尔的时代奔去。而且，他们为了摆脱压制追求欲望带来的痛苦，甘愿放弃那些原本就能够满足的欲望。只有那些为自己的柔弱感到羞愧的冒失鬼才会渴望永葆青春和享受幸福，而不愿像那些哲学家和学者那样为了追求智慧而甘愿自己快速变老。

假如有一个思想奇特、观点怪异的人，他总喜欢发表一些奇怪的言论，还经常责备别人头脑愚蠢，并向他们证明追求宁静就等同于追逐死亡；认为不管是多么理智的人，一旦变老，也会变得语无伦次；提醒别人，每个人终有一天都会老去，但是尽可能让这一天来得更晚一些会更好。

正像我们预料的那样，那些害怕自己宣扬的观点被抵制的诡辩家急忙打断这个惹人讨厌的讲话者，并对他们的追随者说："年长并富有智慧的人，你们要感谢上帝向你们播撒的恩德，为能够一直追随着上帝的旨意行事感到荣幸吧！是的，虽然你们年老之后身体也会虚弱，这是人类无法逃避的宿命，但是你们的头脑会依然保持理性；虽然你们的四肢已经瘫痪了，但是你们的思想却更加愉悦；虽然你们行动变得困难了，但是你们说话却如智者一般影响深刻，虽然你们遭受的痛苦越来越多，但是你们的哲学思想也变得越来越有深度。那些性情冲动的青春和短暂的身体强健只会让你们丢失体弱多病的好处。这份虚弱是如此珍贵，它会把许多药剂师召唤到你们身边，为你们提供减轻痛苦的各种药剂；它还可以为你们召唤许多名医，为你们把脉，这些名医能够通读各种有关风湿病的希腊文典籍；还有很多真诚的慰问者和忠实的继承者陪伴在你们的身边，直到生命的尽头。如果你们不受这些痛苦的磨砺，就不会得到这些悉心的诊疗和关心。"

难以想象的是，他们在斥责这位冲动的反对者时竟然说了这样的话："请停止发表你那些奇怪、冒失又不虔诚的言论吧！你竟然如此大胆地指责人类造物主的安排？人类的衰老状态难道不是来自人类的体质吗？人类衰老难道不是自然规律吗？你所发表的那些煽动性的言论除了攻击自然法则和造物主的安排之外，还有什么作用呢？人类会衰老，是因为上帝对人类的安排就是如此。衰老难道不正是体现了上帝的意志吗？你要清楚，年轻人并不是上帝想要创造的人，为了遵从上帝的旨意，人类就得快速变老。”

面对上面这些假定，我想问您，先生，这个喜欢发表奇怪言论的人是应该保持沉默还是应该大胆地做出回应呢？如果应该做出回应，那么请您指点我应该怎么说？您对这个问题的回答，事关我回答您向我提出的那些问题。

您想用我的论点来批判我时，请不要忘记，在我看来，社会对人类来讲，就像衰老会发生在每个人身上一样。生活在社会中的人需要艺术、法律和政府，就像年迈的老人需要拐杖一样。这两者唯一的不同就是：衰老状态是人类体质造成的，而社会状态则是由人类性质决定的。因此，不是像您说的那样，在人类之初就已经是社会状态。而是应该像我证明的那样，社会状态是人类在一系列外部环境的作用下，加速或者推迟形成的。而且，这些外部环境很多都是由人类的意识造成的。因此，为了保证论证的客观公正，我不得不假设人类个体有加速衰老的能力，就像整个人类物种有延迟衰老的能力一样。在社会状态下，或早或晚会出现人类统治的极端情况。告诉他们这一点并不是毫无用处的，因为它警告人类前进过快会带来危险，他们为了人类的完善而做出的种种努力恰恰会给人类带来灾难。

对于您所列举的那些人类遭受的由人类自己造成的苦难，莱布尼茨和您告诉我：世界上凡是存在的就是好的，因此上帝是公平的。但是，我并不认为上帝的意旨需要通过莱布尼茨的著作和其他人的哲学论述来证明。请您想一下，世界上真的存在一种比宇宙万物体系更加完美的哲学吗？真的存在一种比上帝的杰作更有力的哲学论断来证实上帝的公平吗？另外，不承认恶的存在只不过是那些作恶者为自己的罪责开脱的借口罢了。斯多葛主义就曾经这样将自己置于荒谬的境地。

莱布尼茨和波普认为，凡是存在的事物就是好的。社会之所以存在，是因为公众的利益希望它存在；如果社会不存在，那同样是因为公众的利益不希望它存在。如果有人倡导人类返回森林生活，那么回到森林生活就是好的。我们评判一个事物的好坏必须从不同事物的关系出发，而不是孤立地去评判。即使一个事物是坏的，但是这个坏的事物也可能对整个事物是好的。而那些符合公众利益的事物，对某个个体而言可能是坏的，而且这种坏处可能会被这个人消除。当某个个体遭遇某个坏事时，这个坏事又有可能对全体是好的，那么与这个坏事相对立的好事只要能实现，其效果也就是好的。

同样，凡是存在的事物都是好的。如果有人有改变事物的现状的想法，那么他这种想法就是好的。对于他的成功是好的还是坏的，我们都只能从事物的本身去评判，而不能从道德理性的角度去评判。因此，不能说个别的坏事对忍受坏事的人来说不是真正的坏事。整个人类接受文明教化是好事，因为我们的现状就是这样，但是如果我们没有受过文明的教化，是否会更好一些？莱布尼茨在他的论证中从来都没有提到过反驳这一命题的理由。显然，对于我提出的论题，乐观主义者既没有表示支持，也没有提出反对的意见。

因此，我并不反对莱布尼茨和波普，仅仅是反对您一个人。因为您在还没有真正区分这两位哲学家所否认的普遍的恶和他们未否认的个别的恶之前，就宣称事物的现存状态都是好的，它们绝不会以其他任何形式存在。但是，先生，既然您说凡是现存的就是好的，所以在政府和法律产生以前，一切事物都是好的，那么您是否认为我们的政府和法律都是多余的呢？如果按照您的逻辑去论证，那么让－雅克和菲洛普利辩驳就变得毫无意义。如果按照您认为的凡是存在的就是好的，那么我们为什么还要去弥补我们的不足、治疗我们的疾病和纠正我们的错误呢？我们的教堂、法庭和学校还有什么用呢？人们发热的时候，为什么请医生来治疗呢？您从何得知那些被您忽略的对全体民众有利的事情并不需要您来宣扬，生活在土星和天狼星的居民的身体健康状态并不会因为您恢复了健康而受到损害呢？所以，要让事物朝着更好的方向自由发展。如果所有事物都已经有好的结果，那么您可以对任何由于改变现状从而造成不良影响的事件加以指责。但是，不要从理论开始遏制人们试图改变的行为，因为任何行为都会令事物的现状发生改变。如果这个行为的发生必将会导致不好的改变，那么最终，沉默就会变成人类的主流状态。总之，如果凡是存在的事物都是好的，那么拉普人、因纽特人、阿尔冈昆人、奇卡卡斯人、加勒比人的存在也是好的。这些民族不需要我们的治理，霍屯督人会鄙视我们的治理，而日内瓦人却夸赞我们的治理。这个说法恐怕连莱布尼茨也会认同。

您说，人类的处境取决于他们在世界上的地位。但是，由于时间和空间的不同，人类个体之间的差异又如此之大，所以如果要用这一套逻辑去推论的话，我们从个别到普遍得出的结论肯定是相互矛盾且不能服众的。只要一个地理位置出现偏差，就足以否定由人类看到的事物推导出来的关于事物本质的论断。印第安人可能会认为:“海狸是生活在洞穴中的，人类是躺在树上睡觉的。”而塔塔尔人则会认为:“不是这样的，人类应该在车子上睡觉。”这时，我们的菲洛普利主义者便心怀怜悯地提醒道:“可怜又无知的人啊！难道你们不知道人类本该居住在建好的城池里吗？”在讨论人类本质的时候，真正的哲学家并不是印第安人、塔塔尔人，也不是日内瓦人、巴黎人，而是我们全体人类。

如果说猴子是一种野兽，我是比较赞同的。在此之前我已经对这个论断做过论述了。但是，如果您说猩猩也是野兽，从我掌握的事实证据来看，您的论断毫无依据。对于这个问题，您费尽心思地解答，但是最后却和那些旅行家一样轻率得出如此难以让人信服的论断。因为旅行家们有时就擅自下结论，将我们的同类认为是野兽。因此，您诱惑大众相信您的观点，甚至培养一些自然主义者，让他们也采用您的研究方法来讨论这个问题。

在我这本书的致信里，我为我的祖国感到高兴，因为它有着世界上最好的政府。我在文章里也指出了良性的政府是非常稀少的。我不知道您说的这个观点的矛盾点在哪里。您是怎么知道，如果我身体健康的话，就会回到森林中去生活，而不是和我积极关注的同胞们共同生活呢？我在我的著作中从来没有表达过这样的观点，甚至在我的著作里能够找出许多证据证明，我不会选择这种生活方式。我非常坚信，如果现在让我脱离和我同样堕落的人独自生活，这很难做到。就算是那些智者——如果这些智者还活着的话——他们也不会去沙漠中追求幸福。如果条件允许的话，我想我们更愿意在祖国定居，热爱它，为它做出贡献。即便有的人无法享受到这样的好处，至少他们也能生活在这个充满关爱和幸福的大家庭中。在这样一个敞开的避难所里，到处都是理性的智者和调皮的年轻人。这里充满了仁慈、热情、温馨以及一个好的社会所具备的所有优点；在这里，穷人能够交到挚友，找到自己前行路上的榜样，这些榜样为他们指引了光明的道路。正是这个幸福、美德和罪恶并存的舞台为我们提供了幸福的生活。但是，每个人都得在自己的祖国的怀抱里结束自己的一生。

先生，您在信中大肆批判了我的一个论点，我认为那个论点不管正不正确都是很有道理的。显然，您曲解了我在文章中表达的本意。您在信中说："如果大自然赐予了我们神圣，那么我可以断定：'思考'这一行为是违背自然规律的，而且进行思考的人必定是反常的动物。”我现在可以回应您，如果我确实说了这样的话，如果我真的混淆了健康和神圣，那么这句话显然是正确的。我有理由相信自己在另一个世界必将成为一名圣人，或者至少在这个世界上能够顺心如意、身体康健。

最后，我回答您向我提出的三个问题。我已经思考如何解答这三个问题很久了，所以现在不需要花费太多时间来解答您的问题。

第一个问题：您问我：“一个人或者从未经历过痛苦的、有感情的动物会有怜悯心吗？当看到一个儿童被杀死时，它们会激动吗？”我认为不会。

第二个问题：您问我：“为什么被卢梭称为充满怜悯心的下等公民，也很乐意观看一个人被车轮压死的情形呢？”我的回答是，他们所拥有的怜悯心和您在观看戏剧时落泪，在观看赛德杀父或者堤厄斯忒斯喝儿子的血时流泪是一样的。怜悯心是一种奇妙的情感，以至人人都想体验它；另外，所有人还有一个神秘的好奇心，当不能避免的恐怖事件来临时，每个人都想去探寻人类面临危险时的真实心态。除此之外，观察完此事之后，他们还有无穷的乐趣。在此后长达两个月的时间里，他们可以到街区的任何地方尽情地演讲，向邻居手舞足蹈地讲述那个被执行车轮刑的人死亡时的精妙场景。

第三个问题：您问我：“雌性动物对幼崽的关爱到底是出于对幼崽的考虑还是出于雌性动物本身的考虑？”我的回答是，雌性动物一开始是出于自己的需求考虑。后来因为习惯，它们开始从幼崽的需求考虑。针对这一点，我已经在我的论文中论述过了。我在论文中曾提道，如果雌性动物是出于对后者的考虑，那么幼崽的利益就能够得到更多的保障。我是这样认为的。但是这句话适用的范围不能无限放大，而且只适用于小范围。因为我们知道，小鸡被孵化出来之后，母鸡就暂时丢弃了孵蛋的本能，因此它对小鸡的需求也就没有那么大了。尽管母鸡对小鸡的爱并不逊色于其他动物。

以上便是我的回答，菲洛普利先生。

另外，请您注意，在我的这篇论文以及之前写过的文章中，我一直认为人类的本性是善良的。而与我观点相反的那些正义之士却始终认为，为了公众利益，就得不断地论证大自然所创造的人类天生就是邪恶的。

一个默默无闻之人致上

附录二：论科学与艺术的复兴是否有助于社会风俗更加淳朴

这里的人不理解我，把我当成一个野蛮人看待。

——奥维德

序 言

本文要探讨的是关于人类幸福的真理，因为它对人类社会的影响很大且意义非凡，所以也一直被人们热切关注并讨论着。但是，那些在文艺部门和学院讲座中司空见惯的形而上学的问题，在本文中不会出现。

我决定写这篇文章时就已经预料到了这种局面——人们不会赞同我坚持的观点，因为这打破了他们一直以来所赞美的事物。所以，这部作品会招致一片批评的声音是理所当然的。我也不会异想天开地认为，我的文章得到了几位名士的赞赏，就会扭转人们对这部作品的谴责态度。在此，我已经坚定了我的想法，不会专门去讨好德高望重的名士，迎合世俗的看法。因为无论在哪个时期，总会有一些受地域文化影响颇深的人做社会风气的“卫道士”，就连那些德高望重的智者也不能免俗。他们就像是联盟时代那群狂热的信徒，如果为他们写作，就只能乖乖地接受时代思想的束缚，这与我的写作理念是不相符的。

本来我并未对它抱有获奖的期望，因此，我在把稿件交给第戎学院后，又进行了多处修改与删补，以至它和原作在一些方面看上去不像同一部作品。现在，我将它恢复原样，只在原来的基础上加了一些注释和两处很明显的补充。可能第戎学院不会赞同我补充的内容，但是，我出于对第戎学院的感激和敬重，特地在此对这一点进行说明。

小　引

我们总被美好的外在欺骗。

——贺拉斯

科学和艺术的复兴是有助于社会风俗更加淳朴，还是会使社会风俗走向腐朽，这就是我们本篇论文将要讨论的论题。诸位先生，我选择的立场，就是一个即使在这方面了解不多，但并不为此感到自卑的诚实人应该拥有的立场。

我已经可以预料到，接下来所说的话可能并不能使评审员心满意足。我竟敢如此大胆地，在一个欧洲最高学术团体面前批判科学，在扬名欧洲的学院里吹捧无知，把轻视学术研究和尊重真正的智者混为一谈？！我早已发现了上述这些矛盾，但它们表现出来的强烈冲突并没有使我退却。我坚信自己并没有指责科学本身，而且也坚定地在真正有德行的人面前颂扬美德。善良的人重视诚实，甚于学者重视学问。那么，我还有什么可畏惧的呢？畏惧阅读我作品的评审员们的水准吗？我承认，我是有些这方面顾虑的。不过，我只是畏惧他们对我的写作方式不满，而不畏惧他们质疑我本人对这个问题的看法。因为公正的评判者绝不会因为不想批判自己的错误而犹豫不决。有一个公正开明的评判员可以畅所欲言、表达自己，这对一个热衷于讲述真理的人来说是一个很好的机会。

促使我写这篇论文的原因有两个：一是上述可以畅所欲言的开明环境，二是我内心对发扬真理的渴求。我热衷于追求真理的天性使我可以不计得失，不要求回报。无论成功与否，这件事本身就可以让我受益无穷。

第一部分

我们可以看到，人类通过艰难的努力脱离了蒙昧的境地，用睿智的理性拨开了大自然散布在我们身边的层层迷雾，超越自己的局限使灵魂遨游于九天之上，像太阳一样以巨人的身姿俯瞰大地，遍览宇宙。这真是一幅壮美的画卷！但是，我们再将目光转到关于人类自身的研究上，那些关于人的本质、目的和责任的研究却举步维艰。在最近几个世纪里，这些让我们惊叹的研究又恢复了生机。

生活在欧洲这片开明地区的人们，曾经退回到了原始的状态。在几个世纪以前，他们处在一种比之前野蛮人状态下的无知还要糟糕的环境中。不知道什么原因促使一种打着“科学知识”幌子的荒谬言论席卷了人们的思想，并给真正知识的复兴套上了一道枷锁。人们要突破这种比无知还可怕的“科学知识”的束缚，恢复真正的知识，就必须进行一场革命。这场人们期盼已久的革命，从他们忽略的角落爆发了，它来自那些伊斯兰教徒。在此之后，我们的文艺重新焕发了生机。意大利从君士坦丁堡的沦陷中得到一批古希腊文明的遗留物，这些东西也使法国文明得到了极大的丰富。随后，文艺的魅力引来科学。因此，继写作的艺术之后，又增添了思维的艺术。这种持续不断出现新事物的进程看起来有些突兀，其实是非常符合自然发展规律的。人们也从与缪斯女神的接触中受益良多，受益就是：人们通过发布有价值的作品，吸引他人的兴趣，在对彼此作品的评判中提高人类的社会性。

人类的精神与身体一样，有着各种需求。如果说人的身体需求是丰富社会的基础，那么人的精神需求就是美化社会的点缀物。在人类社会中，政府与法律的出现为他们带来了安全与幸福；而那些温和而有力的科学、文学和艺术则给束缚着人们的枷锁点缀了花朵，使人们丧失追求自由的天性，适应被奴役的生活，这些都被我们视为“文明”的标志。因此，我们给生活在这种环境下的自己贴上“文明人”的标签。人类的需求在社会中占据了主导地位，科学和艺术则使这一地位更加稳固。人类中的君主啊，请您珍惜并保护这些有真正学识和正在培养才学的人吧[①]！文明的人啊，请您坚定地支持这些有才学的人吧！你们这些被幸福驱使的奴隶之所以会养成如此细腻的审美趣味，都是因为他们的存在。因为他们的引导，我们才会养成如此温和的性情和彬彬有礼的行为，使人类之间的交流更加容易且密切通畅。总而言之，他们的存在使本质上一无所有的我们看起来充满美德。

这种可爱又内敛的文明使得古希腊和古罗马在它们的时代熠熠生辉。当然，如今我们的时代与国家也因为这种温和有礼的风尚而优于其他时代和国家。这是一种亲切自然的言谈方式：它虽然满是哲学腔调，但丝毫没有迂腐气息，既不像条顿人那样过于粗糙，也不像意大利人那样过于柔美。这就是我们在学术研究中获得的生活艺术，如今这种艺术在人与人之间的交往中也越来越完善了。

如果我们看到的光鲜事物和它们的内里永远统一，如果我们听到的诱人话语与人们的德行互相印证，如果我们认知的称号与学识的分量相当，哲学家和他探索的哲学真理完美匹配，这样的生活该多么

---

① 那些君主非常乐意看到臣民们沉迷于那些浪费钱财又华而不实的艺术品中，因为那些缺乏远见的人会受这些毫无价值的东西的影响而变得越来越自私，臣民们会为了得到这些东西主动套上枷锁，这样一来就更方便君主对他们奴役和统治。亚历山大大帝曾经想出过一个绝妙的方法来统治那些以鱼为食的岛民——让他们放弃捕鱼并和大家吃同样的食物。在美洲靠打猎为生的野蛮人经常赤身裸体地到处游荡，但是从没有人征服过他们，因为人们没有办法束缚无欲无求的人。

美好啊！但是，想要使这些条件都得到满足非常困难，而且真正的德行总是被那些虚假的话语和浮夸的行动所掩盖。人们身上的精美服饰，可以展现出他们的富有；人与人交往时的举手投足，可以展现出他们的高雅与气度。但是，只有舍弃衣物才能看到身体强壮之人的标志——生机与力量，这是在那些只会夸夸其谈的人身上见不到的。那些装饰性的因素对真正的德行来讲也是同样的道理，因为真正的德行就是精神的生机与力量。那些拥有良好品行的善良人士，从不屑于用那些会妨碍行动的装饰品来点缀自身，他们更喜欢做赤身肉搏的斗士。并且，就事实而言，这些点缀物大部分是用来掩饰自身缺陷的。

在我们的性格还没有被艺术影响，语言还没被完善得如此精妙之前，人与人之间的交流是纯粹和可信的。虽然那个时期的人们还处于一种粗俗的状态中，但是呈献给别人的形象是真实的。人们从对方的话语和动作中就可以看出对方的性格，他们也利用这一点避免了很多罪恶的行为。而现在，我们从被人类精心修饰过的性格和语言中得不到这种好处了。

随着时间的推移，我们因兴趣而产生的行为有了越来越多的限制，最终它们形成了固定的规则。那些流行于社会的事物中存在着一种一致性，即企图把所有人用一个模子统一起来。这种特质既虚伪又令人厌恶，它迫使人们放弃展现自我的天性，用统一的礼仪来伪装自己以适应社会风俗的需求。在这种束缚下，一批相似的人在“社会”这个概念里做着同样的事，如果没有绝对强势的动机影响，他们会一直保持这个状态，而且永远不会看穿身边交往之人的本质。因为人们往往只有在大事来临之前才能看清自己的朋友，换句话说，就是只有在紧要关头对朋友的判断才有意义。

人们因无法看清他人本质这一弊端，引发了一系列的恶果：朋友之间的友谊有待考量，对他人的敬爱消磨殆尽，人与人之间的信任荡然无存。在我们崇尚的礼仪传统和这个时代争相称赞的绅士之风下，隐藏着怀疑、冷漠、仇恨和背信弃义。人们用轻慢宗教的言行代替诅咒创世神的话语，将我们的耳朵从直白粗俗的话语中解救出来；人们用攻击他人长处的方式代替了夸耀自己的长处，用精妙的语言代替粗暴的行为来羞辱他人；人们的爱国心也会随着民族仇恨一起被渐渐遗忘。一种比被人们鄙视的无知更危险的怀疑主义侵占了人们的思想，一些除粗俗的言论和绝对的罪恶之外的坏事被划给了"善事"。而且，我们还必须采纳这种行为，这个时代名士们所推崇的谨言慎行就是个很好的例子。如果有追随这种思想的人，不妨研究一下这类事件。总而言之，我认为这种行为不过是一种言行的装饰品，不值得赞美[①]。

我们就是这样在社会风俗淳朴化的过程中一步步变为好人的。就让我们推崇的艺术、文学和科学分别展现它们在社会风俗淳朴化过程中取得的成果吧。在此之前，我还要补充一点，如果有一个离我们很远的人想了解我们国家的社会风俗发展状况，他辛辛苦苦通过对我们国家科学研究水平、艺术发展状况、精湛的表演、优雅的外表、彬彬有礼的交流方式和各年龄段、不同地位人群（他们从早到晚都忙于取悦他人）的社交场所等事物进行分析得出了结论，但这个结论肯定与我们实际的风俗大相径庭。

我们通常喜欢由果推因，如果事件没有对现实造成影响，我们一

① 蒙田曾经说过："我喜欢通过辩论和交谈来表达自己的想法，但是，我只会为我自己和少数一些人辩论。一个珍惜自己荣誉的人，不会喜欢向那些名士炫耀自己或随意挥霍自己的才华。"但是，这种事情却在我们现今的学者中司空见惯，只有一个人（狄德罗）坚持自己的本心。

般不会去追寻事件的起因。显然，欧洲的社会风俗已呈现腐朽退化的景象。随着欧洲科学与艺术的不断发展，人们的精神也在逐渐衰退。我们是否可以认为这种灾祸只降临在了我们的时代？我的答案是否定的。诸位先生，事实上，人类社会很早就有了因泛滥的好奇心而引发灾祸的例证。科学与艺术对人类的社会风俗的影响，比月球对地球潮汐的影响还大。我们可以看到，历史上各个时期和地区都出现过科学与艺术盖过德行的现象。

首先，我们来看埃及。它是世界上最早的文化交融地。这里虽然雨水很少，但土地并不贫瘠。这片久负盛名的土地是塞索斯特里斯征服世界的起点。但是，自从它孕育出哲学和精美的艺术之后，便相继被冈比西人、希腊人、罗马人、阿拉伯人、土耳其人征服。

其次，我们再看看希腊。这是一个崇尚英雄的国度。勇敢的希腊人曾经两次打败亚洲人，分别在特洛伊城下和希腊这片土地上。当希腊的文学兴起时，人们的心灵还都生机勃勃。但是，希腊被艺术占领后，这里的风俗就开始败坏，马其顿人的统治也随之到来。勇敢的希腊人沉浸在艺术进步带来的快乐中，不知不觉变成了奴隶。即使后来进行了一系列战斗，也只是更换了统治者，并没有使他们摆脱奴隶的身份。在艺术和奢靡风气的影响下，像德谟斯梯尼那样拥有雄辩能力的演说家都束手无策，他那优秀的口才再也不能激起任何一个灵魂腐朽的希腊人奋斗的勇气了。

再次，我们还需要关注一下罗马。这个国家由一个牧童亲手建立，并凭着国民勤劳的精神走向兴盛，在埃尼乌斯和德伦斯时代开始有了衰败的征兆。当奥维德、卡图里斯和玛提阿里这类人以及一些让人不屑提及的不检点作家出现后，罗马的道德形象被破坏殆尽，成了罪恶的代表，受尽其他民族和野蛮人的轻视和捉弄。这个有“世界首都”

之称的罗马，终于钻进了它为别人设好的笼子里。极其巧合的是，这个国家被摧毁的时候，恰好也是人们将要赋予某位罗马公民“精致审美的审判者”这一称号之前。

最后，关于东罗马帝国的首都君士坦丁堡，单从地位来看，它足以成为“世界之都”。但是，由于文化的影响，这里最终成了那些被欧洲其他地区舍弃的艺术与科学的驻留地——这在我看来是一件不可思议的事——因此，君士坦丁堡的历史上充斥着骄奢淫逸、背信弃义、谋杀、陷害等种种罪行。实在无法想象，这就是我们现在所崇尚的知识的纯洁来源。

事实上，我们没有必要去远古时代寻找事实依据，因为我们这个时代就有值得参考的事件。在亚洲那片土地上有一个拥有广阔领土的大国，这个国家的统治者通常用文章来选拔官员，文章写得越好，做高官的机会越大。如果科学和艺术可以使社会风俗更加淳朴，能够鼓舞人们的士气，引导人们自愿为国捐躯，那么这个国家的人民早就成为智慧、自由和强大的代表了。但是，如果这个国家里的人们没有恶习，如果这个国家不会被罪行困扰，如果这个国家的官员都充满智慧，如果这个国家的法律都严明合理，如果这个国家的国民都拥有不受鞑靼人束缚的自由，那么，这个国家选拔那些学识渊博的官员有什么价值呢？国家赐予这些官员的荣誉又有什么意义呢？这样做是为了让国家多产生一些奴隶和恶人吗？

接下来，我可以提供几个国家的社会风俗和之前所说的状况进行对比。虽然它们的存在只是少数，但在这些国家中生活的居民确实没有接触那些华而不实的知识。他们之所以能成为其他国家的榜样，是因为他们幸福的基础是自身美好的德行。那些独特的早期的波斯人就是这样做的，他们对美德就像我们对科学一样渴求。他们依靠着对美德的学习征服了亚洲；很荣幸，只有他们民族的政治制度的演变过程被编入了一部哲学书里；那些至今还被称赞的斯基泰人也是这样做的，日耳曼人更是如此。甚至有一位罗马的历史学家（塔西佗）对有着简单、纯洁和美好德行的日耳曼人情有独钟，但对那些满是缺点和恶行的，有着文明、富裕和纵欲享乐风气的民族不屑一顾。还有早期处于贫困和无知境况中的罗马，也是以良好的德行为基础行事的。如今，那些生活在偏僻地区的拥有朴实精神的民族，还在这样做，他们身上那种不可战胜的勇气和百死不悔的忠诚令人赞叹[①]。

智慧的高低并不是他们偏爱其他活动而忽视精神活动的原因。事实上，他们对其他国家的某些闲散人员发表的善行、罪恶与美德的言论有一定了解，他们也研究过那些擅长赞美自己、贬低别人的理论家主张将其他民族称为野蛮人的行为。通过深入地观察研究之后，他们得出了那些人的理论并不具有价值的结论[②]。

斯巴达，这是一个我无论如何都不能避之不谈的神圣国家。这

① 世界上竟然存在着如此幸福的民族。那些在我们这里难以制止的罪恶，连名字都没有传到他们的耳朵里。我不敢谈论他们的事，也不敢谈论关于那些在美洲生活的野蛮人的事。蒙田对他们那简单又自然的政治进行了详尽的描述，还把那个政体当作比柏拉图的法制和所有哲学家幻想中的完美政府还要巧妙的存在。他还引用了许多例子，让读到他作品的人们都非常震撼。他说："这是多么伟大的政治制度啊！然而，这样的制度是那群连裤子都不穿的人创造的。"

② 这个问题确实需要读者们深入探究：雅典人拒绝那些辞藻华美的判决书出现在他们的法庭中（连神明都认可这个法庭的公正），那么，他们是怎样看待那些精妙词语的呢？罗马共和国的人民四处驱逐医生，那么，他们是怎样看待那些医术和药物的呢？那些受人道风俗影响的西班牙人不允许他们的律师到美洲去，那么，他们是怎样看待那些法律规则的呢？难道我们可以如此简单地认为这是他们补偿印第安人的措施吗？

个城邦在希腊这片土地上诞生，那些幸福的无知和公正贤明的法律塑造了它半神性的国民，也最终使它扬名世界。没有任何国家的人民能比得上他们在德行方面的成就。那些只会空谈的理论家在斯巴达人面前会自惭形秽。在雅典不加区分地接受艺术和艺术罪恶的附赠品时，斯巴达却毫不留情地驱逐了科学、艺术以及它们的研究者。尽管，在那个时候，即使是暴君也在想方设法地收集诗圣（西塞罗）的作品。

这种差别在历史的见证下更加明显。雅典的艺术迅速发展，最终为雅典赢得了礼仪文明中心的美誉，哲学家和演说家也因此蜂拥而至。辞藻华丽的语言和精雕细琢的房屋在这里有了绝妙的价值，艺术大师们在大理石和画布上留下的精美作品遍布这里的每个角落，导致那些被喜好奢靡的后世人推崇为典范的，都是雅典的艺术作品。相比之下，拉栖第梦人（斯巴达人）的遗产就没有这么耀眼了，他们只在后人口中得到了这样的评价："斯巴达人天生就有良好的德行，就连这个国家的空气里也都是吸引人们向善的美德。这里的人们给我们留下的都是他们英勇前行的事迹。"这些砥砺人心的事迹，难道不比那些华而不实的大理石雕像更值得我们推崇吗？

正如我们推测的那样，缪斯女神的领地并未完全沦陷，有些智者与这场艺术的浪潮进行了斗争，使自己避开了恶行的侵扰。我们有必要听一听这个最先遭受不幸的人如何评价他那个时代的学者和艺术家。

"我仔细观察过这些诗人，"苏格拉底说，"一开始我以为他们有足够的才气来满足自己和他人的需要。他们把自己看作'智慧的化身'，这一身份也被人们普遍认可。但是，我并没有在他们身上看到智慧的影子。"

他接着说:“后来，我把目光从诗人转向了艺术家。虽然我对艺术的了解不多，但没有谁比我更笃信艺术的技巧已经被我们的艺术家习得。事实上，艺术家和诗人的状况相差无几，在他们的领域里还存在着很深的偏见。艺术领域内赋予他们的那些荣誉和成就，助长了他们自傲的心态。他们将智慧的桂冠强行套在了自己的头上，这种自以为是把他们拥有的知识拉入了尘埃。因此，我不得不向神明与自我求助：我的状态和他们的状态哪个更好一些？拥有像艺术家一样多的知识是否比我现在的无知状态更有利？我的答案是：保持现在无知的状态。

“其实，那些哲学家、诗人、演说家、艺术家和我一样，并不明白真、善、美的本质是什么。但是，我和他们的不同点在于他们没意识到自己并不是真正了解这些东西，而我清楚地知道自己的无知。因此，神明赐给我的与众不同的智慧就是：清楚并承认自己的无知。”

上述内容就是苏格拉底对无知的认可，是这个用智慧获得神明的赞美、用学识获得希腊人推崇之人所秉承的真理。即使到了今天这一真理也依旧有效，不会因为现在的学者和艺术家们改变。正直诚实的苏格拉底会对毫无价值的科学嗤之以鼻，对那些泛滥的书籍不与苟同。他是如此精通教育，只会一如既往地将他那朴实的做事方法和良好的德行教给我们。

无独有偶，随着苏格拉底在雅典的发声，罗马的大加图也紧随其后，与那些用规则与技巧腐蚀罗马人德行和勇敢精神的希腊人进行斗争。但是，哲学家和崇尚雄辩术的演讲家还是像雨后春笋般出现在罗马的角角落落，科学和艺术以及充满机巧的演说在这个国度流行开来。严谨的军队纪律和朴实的农业都被人们轻视抛弃，团体交流活动却日渐兴盛，国家在他们的头脑里渐渐消失。伊壁鸠鲁、芝诺和阿塞西拉斯等成了人们时常谈论的人物，但是，自由、大公无私和遵纪守法却成了人们交流的禁忌地。那些整日高谈阔论的哲学家也发现了问题："好人随着这片土地上越来越多学者的出现逐渐消失了。"我们不得不说，对德行的研究摧毁了践行德行的罗马人。

啊，如果亲手拯救过罗马的法布里西乌斯重回这片土地，见到自己以声名而非战功铸就的城池变成现在这种华而不实的模样，他那朴素的精神又会受到怎样的冲击呢？也许他会发出这样的疑问和感叹："那些节制而有德行的人青睐的茅屋农舍怎么不见了？以朴素为傲的罗马人为什么接纳了奢华？简单易懂的话语怎么变得如此陌生艰涩？这种腐蚀精神的风气为什么会流行开来？这些精雕细琢的艺术作品又能为人们带来什么价值？在这些处于精神迷狂状态的人们身上发生了什么，使得他们甘愿让出了主人的地位，成为那群品行不端之人的奴隶？那些能言善辩的人用口才征服了你们，那些在希腊和亚洲地区进行的战争，都成了追求奢侈享乐之人（建筑家、画家、雕塑家和优伶）的养料。在这种风气的影响下，一个吹笛子的暴君就能使罗马人千辛万苦从迦太基得来的战争成果毁于一旦，那么，驱逐这些腐蚀罗马人的奢华物品就变得刻不容缓。那些圆形剧场、大理石雕像和绘画都应当被毁掉，鼓吹这些艺术的奴隶都应当被赶出这片土地。让他们尽管去推崇那些华而不实的东西吧！良好的德行才是罗马征服世界的武器。虽然希腊使臣西奈阿斯曾用'君主们的会议'这个说法来称赞罗马的元老院。但是，真正让西奈阿斯惊叹的是那由两百个有德行的人组成的、有资格管理罗马征服世界的大会，而不是会场中那些浮夸的场面、精雕细琢的装饰品、逻辑缜密的言语和辞藻华美的文章。"

接下来，我们需要把注意力从那些古老的国家和时代转移到现在的社会环境中，探讨一下我们的国家正在发生的事。也就是说，完全没有必要用不同的方式反复强调那种损害我们精神的事情，因为这样做不会产生任何价值。我有意选择了那位道德朴素的罗马执政官——法布里西乌斯作为我观点的转述人，幸运的是，这样做也起到了一定的效果。如果是路易十二和昂立四世这类人，是说不出像法布里西乌斯那般振聋发聩的话语的。我不得不承认，我们这个时代也许不会让苏格拉底死于愚昧的毒酒，但是会使他遭受比死亡痛苦百倍的蔑视与侮辱。

毫无疑问，无论我们在什么时代试图打破神明用智慧赐予的无知的幸福环境，骄横、奢侈和奴役等因素都会作为惩罚出现在我们的生活中。它们用那些足以掩盖一切规律的厚重幕布来表达对我们毫无价值的探索的拒绝态度。我们应当清楚，大自然制定的条款可以使我们从中受益，并且没有哪一次我们违背大自然的规则而没有受到惩罚。人类啊，我们应当明白大自然对我们隐藏科学的原因是：它正想方设法地保护我们的灵魂不受科学的腐蚀。因此，我们在科学探索之路上遇到的来自自然的种种阻碍，就如同母亲拒绝孩子想要接触有害玩具的请求，这就是大自然对人类做出的不厌其烦的提醒。人类的注意力本来就容易被那些不良的事件吸引。不幸的是，如果知识成了人类的先天资质，那么人类就会被推向邪恶的深渊。

可想而知，这些话语会使人类多么羞愧，使他们骄傲的内心多么屈辱！一些意料之中的质疑在他们之间爆发出来：这些结论简直令人难以置信！难道正直的品行只有在无知的状态下才能得到细心呵护？难道良好的德行不能与科学知识互相扶持？如果以这种虚无的假设来探索人类问题，难免会得出一些不切实际的结论。但是，我们可以很容易化解这些流于表面的激烈冲突，因为那些令人们目不暇接的深奥名目都是人们强加到知识框架中的，它们本身一文不值。因此让我们从艺术和科学的本质来探索它们的进步在人类的社会风俗中所起到的作用吧！我们应当接受那些可以与历史推论相互印证的结论。

第二部分

在埃及流传着“一个与人类的安逸为敌的神创造了科学”[①] 的古老传说，后来这种说法被传到了希腊。那么，这些生活在科学诞生地的埃及人民对科学有着怎样的看法呢？而且，他们曾经有很多机会去寻找科学的来源。但是，事实上，我们并未从世界编年史或那些用哲学理论推导出的不确定史实中找出因为人类喜欢知识而促进科学产生的证据。更糟糕的是，我们那些罪恶的思想行为才是促使这些科学知识产生的主要原因：天文学基于人类的迷信而产生，演说技巧则基于人类的野心、怨恨、奉承和谎言等恶行而产生，逻辑缜密的数学基于人类的贪得无厌而产生，物理学基于人们对虚荣的好奇心而产生。这些包括道德在内的一切事物，都是人类骄傲心态的产物。因此，我们不得不对科学和艺术能为人类带来好处产生怀疑。

我们在对这些科学、艺术运用的目的进行过认真考察之后，就很容易得出这样一种结论——它们并没有产生的必要。因为，如果没有因艺术的出现而产生的奢侈，也就没有艺术存在的价值；如果人与人之间处处遵循公平公正，也就没有法律存在的必要；如果人类历史上

---

① 我们可以很轻易就联想到普罗米修斯这则故事以及它的含义：希腊人对为他们偷火种的普罗米修斯就像埃及人对他们的神明特杜斯一样，并不喜爱。而且，真正把普罗米修斯困在高加索山上的就是他们。有一个流传已久的故事曾提到过，萨提儿在初次看到火时就非常喜爱，想要与它亲吻拥抱。但是，普罗米修斯在这时却警告他：“萨提儿，火会燃烧触碰它的事物，你会为你即将丢失的胡子伤心落泪。”

没有暴君、战争和阴谋家，也就没有撰写历史文献的必要；如果人人都按照大自然的指引履行作为人的职责和满足作为人的需求，如果人人都时刻在帮助他们的国家、处于贫穷和困苦境况中的同胞，以及朋友，也就不需要一些人绞尽脑汁地进行思索了。我们的生命并不需要浪费在真理之井的周围。毫无疑问，只要人们头脑里生出这个想法，就会避开通过哲学研究来获取知识的道路。

我们不知道有多少危险和歧途在影响我们的科学探索，我们也不知道有多少谬误横亘在我们与真理之间。更糟糕的是，我们的努力往往价值不大，因为那些潜藏在探索途中的谬误比最终收获的真理对人类的影响更大。显而易见，谬误对人类产生的危害往往是真理给人类带来的益处的千百倍。这种现象出现的原因不止一种：第一，我们探索的问题往往只有一个真理，但是在探索的过程中会有无数个谬误产生。第二，无法确定及判断人们对探索真理的真诚度。第三，没有确定判断我们的发现即为真理的依据[①]。第四，我们无法对已发现的真理进行合理的运用。

假设我们想利用科学来实现人类一些不可预知的目的，显而易见，这个行为最终产生的效果会非常可怕。因为人类在安逸的环境下利用大量的空闲时间创造了科学，而科学的发展会使得人们更加懒惰。因此，科学的出现必然会给人类造成不可弥补的时间损耗。我们需要用处理道德行为的规范来对待政治行为，无用的公民的危害就像人们不做好事一样大。一些哲学家因为对科学有深入的研究而被人们广泛

① 人们积累的知识越浅薄，就会越自大。逍遥学派宣传着不怀疑的思想，笛卡儿认为立方体和旋涡运动就能构成宇宙。甚至，当今欧洲那些知识浅陋的物理学家都敢在电学奥秘上四处求解，并解释连哲学家都无法解释的奥秘。

推崇。我们从他们那里学到了物体在空间中相互吸引的比例，同一时间内在太空中运行的行星之间存在的关系，那些拥有共轭点、拐点或尖点（曲线中的一种奇点）的曲线类型，人类神化万物的原因，人类灵魂和肉体在没有交流的情况下如同两块钟表一样相互契合的原因，有可能出现生命的星球必须具备的条件，以及有特殊繁殖方式的昆虫。现在，我想请他们说明一下，他们把这些知识传授给我们是否具有实际意义。我们的人口数量会因为缺乏这些知识而减少吗？社会秩序会因为缺少这些知识的辅助而变得更差吗？民族的团结会因为没有这些知识的连接而变得不牢固吗？国家会因为这些知识的缺席而与繁荣失之交臂吗？社会风气会因为缺乏这些知识的滋养而变得邪恶吗？接下来，我们再看一下他们的贡献，就连那些文采出众的学者和优秀的公民所做出的事业都没有太大价值。对此，我们又要用怎样的眼光去看待那些整天无所事事、浪费国家财力且资质低劣的其他文人学者呢？

如果你仔细地观察过他们的行为就会发现，我对他们整天无所事事的评价已经仁慈到了极点。这些空谈家到处宣扬他们的古怪言论，腐蚀人们的信仰，败坏人们的德行。我期望神明真的让他们每天什么事都不用做，如果这样，人类的社会和风俗都会更加良好和安宁。显而易见，这些人不会如此安分。他们用自己的毕生所学全力破坏着人类中间一切被看作神圣的东西，并对祖国和宗教之类的古老名称嗤之以鼻。当然，促使他们做出这些异于常人行为的原因并不是他们对道德和信仰本身的厌恶，而是他们对一切在人类中形成的公共观念的仇视。可想而知，当他们发现自己处于无神论的环境中时，会自然而然做出重回神明阵营的举动。大概没有什么是那些追求与众不同的人做不出来的事情了。

同样，人们闲逸的生活和虚荣的心理又产生了奢侈。众所周知，科学、艺术和奢侈往往是相辅相成的。因此，科学和艺术的兴盛，使得奢侈的风气在各地流行开来。那些与日俱增的奢侈之风比浪费时间对人类造成的伤害还大。我曾经从一些喜好新奇的哲学家口中听到一种有违历史常识的论调——奢侈可以促进国家的繁荣昌盛。然而，即使他们企图无视历史上存在的那些关于奢侈的禁令，也无法否认良好的风俗才是我们国家长久传承的必然因素。那些哲学家所提倡的奢侈风俗正是良好风俗的对立面。他们还主张把奢侈作为财富的标志，因为奢侈可以有效促进财产的增加。我不得不对此进行质疑:“我们能从这个时代所独有的奇怪论调中得出怎样的结论呢？如果这种想法传播开来，那么，我们良好的德行会被这种不择手段发家致富的思想破坏到什么程度呢？”在古代政治家口中无比珍贵的良好风尚与德行被现今政治家口中的商业繁荣和金钱暴利取代。这时就会出现一种现象——用估算牲口价值的方法来评判人的价值。很快，就有政治家用一个人在阿尔及尔的卖身钱衡量这个人在某国拥有的价值，并且它们恰好相等。而另一个政治家则用上述方法得出了一些国家的人没有价值，甚至有些国家里的人还处于价值亏损的状态。这些政治家把个人消费当成这个人在这个国家中产生的价值。如果这样计算，一个西巴里斯人的价值与三十个拉栖第梦人（斯巴达人）的价值相等。但是，那些相对具有较高价值的西巴里斯人最终被一些农民打败，那些相对具有较低价值的斯巴达人，却最终震惊了整个亚洲。

历史上，相似的例子比比皆是。一个比小小的波斯省督还要穷的国王，率领三万人打败了居鲁士，征服了波斯帝国。一个全世界民族中最穷的民族（斯基泰人），却抵御住了强大帝国的入侵。两个在财富上有巨大差距的共和国抢夺征服世界的权力，最终，贫穷的国家战胜了富裕的国家。那个把世界财富聚集起来的罗马帝国，最终被那些对财富一无所知的民族打败。这些民族得以战胜强国的法宝就是大自然赐予的勇气和贫穷。这就是法兰克人和撒克逊人能够分别打败高卢人和英格兰人的首要原因。历史上还存在这样一类人，他们在山间生活，非常贫穷，一直把获得几张羊皮作为自己的理想。就这样，他们抱着这种单纯的想法打败了骄傲自大的奥地利人，击溃了那个既富裕又强大，令整个欧洲统治者闻风丧胆的勃艮第王朝。还有那个继承查理五世地位的人，即使力量强大、才智过人并且有着充足的财富（印度群岛），最终还是被一些渔夫打败，失去了海权。我相信，如果政治家们愿意放下算盘，认真思考上述问题，就会认识到金钱的局限性——金钱培养不出良好的风俗与公民。

那么，为什么说奢侈对人类社会有严重危害？或者说，奢侈风气的传播产生了什么问题？显而易见，它影响了国家的发展方向以及最终命运。归根究底，人们要清楚短暂的辉煌和长久而有德行的存在哪一种因素对国家更重要。我想说辉煌重要，但辉煌对我们来说有什么益处呢？而且，追求宏大排场和喜爱诚实朴素往往不能在一个纯洁的灵魂中同时存在。一个心中装满种种毫无用处的计谋的人，也没有精力或勇气再去追求那些高尚的事业。

几乎所有的艺术家都想要得到别人的夸赞，同时代的人们对他们的赞赏就是他们所获得的最大荣誉。但是，如果这位学者生活在一个糟糕的环境中——喜爱浮夸的年轻人控制了那些名士的写作风格；在这个时代和民族里，人们抛弃自我以迎合那个剥夺了他们自由的暴君，男人只能小心翼翼地称赞着女人的柔美，女人也无比谨慎地赞美着男人的强壮[1]；那些牵动人心的杰出诗剧和优美动听的精致音乐被人们弃之脑后。在这种情况下，这位知识渊博的学者是怎样做的呢？他宁可委曲求全地创作一些仅受一时追捧的不入流的作品，也不愿创作一些虽然不被当代人喜爱但有可能使他享誉后世的经典之作。我想问一下赫赫有名的阿鲁埃，为了迎合人们对那些虚伪高雅文化的推崇，你放弃了多少诉说雄壮之美的机会？为了让那些无价值的琐碎事物彰显格调，你又丢失了多少创作优秀著作的机会？

因此，奢侈风气的流行一定会破坏已有的社会风气，进而侵蚀人们的审美趣味。这个时候，如果有这样一个人出现在这群博学多才的人中间——他一直保持着坚定的内心并与已经腐化的社会风气做抵抗，拒绝创作一些毫无价值的作品来污染自己的灵魂——那么，不幸一定会降临到他的头上。最终，他可能会在穷困潦倒或默默无闻中走过自己的一生。希望我刚刚所说的那些话只是推测，而不是事实。卡尔和皮埃尔，我知道你们用手中的笔绘出了那些神圣而崇高的画像，它们足以为我们的教堂增添庄严的气息。但是，在社会风气被腐化到如此地步的今天，我不得不请你们放下手中的笔，因为它极有可能被忽略了原本的用途，而成为给马车车厢画低俗图画的工具。曾经与普拉西泰理斯和斐迪阿斯并称的皮加勒啊，古人崇拜的神像就是用你

① 我认为如果女性可以提升智慧是一件再好不过的事。因为这是大自然为了我们能够更加幸福所做的安排，也是给予女性的礼物。只要我们合理地利用这件事，就可以得到与现在产生的危害等量的益处。你们是否意识到，如果那些可以时刻影响男性的女性受到了良好的教育，就能给社会带来诸多好处。因为男性总是朝着女性期望的方向成长，所以如果我们希望他们拥有一个良好的德行，就需要培养女性对纯洁的灵魂和良好德行的认识与欣赏。柏拉图也曾经谈起过这个问题，这是一件有价值的事。那些足以继承这位智者思想的人可以为此进行写作，让人们重视这项伟大事业。

手中的凿子雕刻而成，这些神像足够让我们原谅先人们的偶像崇拜。但是，无人能及的皮加勒的双手也只能闲着或去捏那些鼓着肚子的泥人了。

我们一提起风俗，就会不由自主地想起远古时期那些令人愉悦的淳朴景象。人们常常沉迷于大自然亲手雕琢的湖光山色而不舍离去。在那个时代，人们有着纯洁朴素的灵魂和良好的德行，因此，他们喜欢和神明做伴，同居一处，渴望神明时时评判自己的行为。但是，不久之后，人们有了邪恶的行为和思想，因此，与他们住在一起的神明就成了碍事的旁观者。于是，人们纷纷把家里的神明送进了华丽的庙宇。后来，人们又把神明赶走，自己住进了那个华美的庙宇，也就是说，我们可以把现在的神庙和公民的住所同等看待了。当今时代的社会风俗可以说已经被败坏殆尽了，因为当我们看到，人们把神明放在富贵人家的门柱上和雕刻在科林斯式的柱子上时，人类就已经坠入了罪恶的谷底。

人类勇敢的精神和军中的士气随着生活舒适度的提高、艺术的完善和奢侈风气的盛行而逐渐消失和瓦解。这些事情产生的主要原因是人们沉迷于在实验室中做关于科学与艺术的研发与创造。例如，以前哥特人侵占希腊时破坏了很多东西，但他们没有毁坏过一座当地的图书馆。这是因为他们当中有人建议把图书馆留给敌人，让敌人看书，使他们没有精力再进行军事训练。还有一个值得一说的史实，法国国王查理八世几乎没有进行战斗，就轻易攻下了托斯卡纳和那不勒斯王国。查理八世的臣子们认为这次战斗如此顺利并不在他们意料之中，并十分明智地找到了他们胜利的主要原因——意大利的王公贵族沉迷于研究艺术与学术，长期忽视自身的战斗精神和体质的培养。有位富于智慧的人曾这样评价这两段历史：其实，这些事例都在警告我们，科学研究会消磨我们在军事及其他事物上的勇气。

就连罗马人也不得不承认，自从他们重视绘画、雕刻，喜爱金银器皿，着重钻研各种工艺以后，他们身上那种时刻保持战斗状态的精神便逐渐消失了。这片土地似乎逃脱不了为其他国家的发展提供教训的命运。因为意大利用几个世纪逐渐恢复的勇猛善战的名声，被梅第奇家族的兴起和文艺复兴再次或可能是永远地毁掉了。

在古希腊这片久负盛名的土地上，那些拥有优良制度的共和国纷纷展现出了它们智慧的一面——它们禁止公民从事那些既损害人们的身体，又败坏人们精神的安逸工作。大家不妨认真思考一下，那些被些许物资的缺乏和艰难困苦轻易击倒的人，能够抵抗住饥饿、劳累和死亡的侵袭吗？那些未经过真正艰苦训练的士兵，会拥有承担过度疲劳战斗的勇气吗？那些无法忍受长时间骑马赶路的军官，能够带领士兵进行急行军吗？不可否认，有一些经过严格训练的现代士兵拥有进行战斗的勇气，但是，他们身上拥有的勇气并不足以推翻我的观点。那些在我面前宣扬这些士兵在某天或某次战争中勇敢无畏的人，从不会对我说，这些士兵能否顺利通过严酷的训练，或者这些士兵是否可以忍受季节变化的考验——抵御严寒和酷暑。我们引以为傲的精锐部队的战斗精神和战斗力完全会因为夏日的高温和冬日的风雪，或些许物资的缺乏而消磨殆尽，并且这往往也用不了多长时间。勇猛无畏的战士啊，就让我为你们讲一个你们几乎没有听过的真理吧！我知道你们非常勇敢，如果你们是汉尼拔的部下，可以在他的带领下取得坎尼和西门尼斯战争的胜利；如果你们是恺撒的部下，可以在他的带领下渡过鲁比贡河占领罗马。但是，你们没有足够的勇气跟随汉尼拔将军翻越阿尔卑斯山，你们也没有力量跟随恺撒大帝征服你们的祖先。

当然，打赢一场战斗不能完全代表这场战争获得了胜利。我们如果要取得战争的胜利，还需要依靠将军制定一套独特的作战方法——一种比单纯的战斗技巧更巧妙的作战谋略。一个敢于在战场上冲锋陷阵的军官，不代表他可以胜任军队指挥的本职工作；一个只有勇猛无畏精神的士兵，并不一定比那些拥有坚定意志和耐力的士兵优秀，因为只会勇猛战斗不能保障他们的生命安全。军队人员的死亡是国家一个不小的损失，因此，无论这些士兵是死于严寒、酷暑等恶劣天气，还是死于战场，对国家来说并无不同。

如果说进行科学研究只会损害士兵们英勇无畏的战斗精神，那么，它对人们道德境界的提升就有着更严重的危害。我们从童年时期开始就被一些毫无价值的事物左右，它们在为我们伪装精神世界的同时，也在破坏着我们的判断能力。我发现，人们为了他们的后代可以受到良好的教育，花费大量时间和金钱去修建学校。青年们可以从学校里获得很多知识，却无法从这里获得做人的职责。在这种环境下，他们的后代再也说不出自己的语言，只会说那些在任何地方都没有使用价值的话语；他们学会了写诗，尽管那些东西连他们自己都无法理解；他们还学会了一种诡辩的技能，不但使他们自己不能区别真理和谬误，还会让别人也无法看清它们的区别；他们不能理解崇高、正直、谦和、人道和勇敢的含义，也不注重“祖国”这个名词所饱含的热烈情感；虽然他们也会听别人谈论关于上帝的事[①]，但这不会让他们对上帝更加敬重，只会让他们对上帝产生恐惧。曾经有一位智者说过：如果孩子们愿意用打网球来消耗自己空虚的时间，我想这会非常有益，因为这样做可以让他们的身体得到锻炼。

① 见《哲学思想录》。

我知道必须让孩子做一些事，因为懒惰的状态会伤害到他们的健康。但是，他们应该学一些什么呢？这真是一个值得思考的大问题。我认为，他们应当去学习那些人应该学习的事[①]，不应当学习那些他们按理来说会忘掉的事。

我们一直用精致的雕像点缀花园，用精美的绘画装饰走廊。那么，

---

① 在斯巴达的历史上有一位伟大的国王，他就是用这样的方法教育斯巴达人的。蒙田对此评价道："有件事值得引起我们的重视，那就是莱格古士在他的国家施行了良好且非常完美的制度。在这个制度中，孩子们的教育得到了充分的重视，并且成了人们的主要工作。就算在缪斯女神的感染下，他们也不会用那些成篇的理论来约束孩子，因为他们的青年也一直保持着活泼自然的心态和崇尚自由的心灵，对那些繁重的枷锁不屑一顾。所以，他们十分乐意给年轻人聘请那些有气概、有节操而且行事正义的老师，不像我们那样偏爱专家学者。"

接下来，我们再看一下，波斯人在这位作者笔下呈现出一个怎样的状态。他写道："柏拉图说：'在这个地方，他们有一套专门的方法来教育未来继承王位的长子。首先，小孩在出生后就被交给那些德行足以让国王信服的宦官抚养，远离女人。这些宦官负责使孩子拥有一个优美的体态和健康的体质。当这个孩子长到七岁的时候，他们就开始教他骑马打猎。等孩子长到了十四岁，就会有四个人接替宦官继续培养孩子，他们都是国内的顶尖人物，分别运用自己的长处各司其职：全国最富有智慧的人负责引导这个孩子学习宗教理论，全国最正直的人负责教导这个孩子学会诚实，全国最谦逊的人负责教导这个孩子学会克制欲望，全国最勇敢的人负责教会这个孩子在危险面前不害怕和不退缩。'"我需要补充的是，他们都在引导孩子拥有一个善良的品行，没有一个人去教他学习知识。

色诺芬曾经提道，阿斯提亚齐斯想听居鲁士讲一讲给居鲁士留下最深印象的一课。居鲁士就说："在我们学校曾经发生过这样一件事，有一个孩子的外衣小了，就要把这件外衣和一个身材比他小却穿了很大外衣的同学交换，最后他不顾那个孩子的意愿，把外衣从他身上脱下来穿到了自己的身上。老师让我做审判员，评价一下这个事件。我当时认为这件事情很合理，两个人都得到了合适的衣服。但老师说我的观点不对，不能只看到合适的结果就忽略正义。我们从正义的角度来看，强行夺取他人的东西是不好的行为。因此，那个抢夺衣服的孩子最后受到了批评。这跟我们乡村学校的学生如果忘记'τύπτω'（打）这个词语的第一格过去式，就一定得接受批评一样。我的老师讲的一些例子，都让我对'他的学校非常优秀'这一看法深信不疑。"

你们不妨猜测一下，为什么要在大众视野里摆放这些艺术作品？你们是否会认为这是在宣扬那些捍卫祖国安全的伟大人物，或者宣扬那些以自身美好的德行为祖国增添了荣誉的伟大人物？事实上，并不是这样。他们展示的都是一些在灵魂和理智上和众人不同且有些扭曲的人物形象。这是人们费尽心机从古代神话故事中挑选的消遣物，用以满足孩子们的好奇心。很明显，人们在他们的孩子还不识字之前就让他们认识了这些有邪恶行为的代表。

显而易见，是人不同的能力与智慧以及不良的德行所引起的人类之间的不平等产生了这一切不合常理的做法。除此之外，还能是什么原因呢？这就是我们进行学术研究之后产生的最明显也是最危险的后果。我们现在评价一个人，只注重他是否具有才能，而不注重他是否具有正直的品质；我们现在评价一本书，只看重它的内容是否精彩，而不看重它的内容是否实用；我们给那些聪明又富有才华的人送大量莫名其妙的奖励，却对那些富有美德的人嗤之以鼻；我们乐于给那些毫无价值的华美辞藻各种奖励，却不会对那些良好的德行施舍半分。我想请诸位先生解答我的疑惑：第戎学院颁发给该校最好的论文的荣誉，能否比得上当初创立这个奖项的美好意图？

那些有德行的智者从不喜欢与金钱做伴，他们更偏爱那些能使自己精神高涨的荣誉。于是，当他们看到自己一直重视的荣誉被人们如此不公平地随意分发时，他们那本来只需要些许激励就能造福社会的精神便逐渐消沉下去，在默默无闻中逐渐消亡。这势必会导致人们重视培养华而不实的才能，忽视那些不美观但有较强实用性的才能。更糟糕的是，科学与艺术的复兴使这种现象更加严重。我们中间有很多物理学家、几何学家、化学家和天文学家，也有一些音乐家、画家和诗人，但是没有公民的存在。就算他们还在社会群体中存在，也只会待在一些偏僻又贫穷的地方，过着被人轻视又穷困潦倒的生活。这就是给我们生产粮食，以及给我们的孩子生产牛奶的那类人的现状；这就是我们对这些人的感情。

但是，我不得不承认，这些令人担忧的情况并不像我们预料的那样严重，并没有给我们造成不可挽回的危害。因为神明已经为这些情况准备了相应的解决方法：他把有毒的草药和解毒的草药种到了一起，把能治疗野兽抓伤或咬伤的药放到它们的身体里；他把自己作为国家的君主们做事的模范，并引导那位今后注定获得诸多荣誉的君主向他学习。于是，那位君主为那些传播科学与艺术等虚假知识的学院拟定了一系列美好的风尚，并时刻督促它们以及认可它们的成员亲自去维护这风俗的纯洁。

那位伟大的君主（路易十四）的继承者认可了这些拥有美好风尚的学院，而后这种学院成为整个欧洲争相效仿的对象。当这种学院被广泛认可之后，就可以或多或少地为约束学者出一份力了。因为学者们会为了获得跻身知名学院的荣誉而保持自身的纯洁、创作真正有益的作品，以及追求完美无缺的德行。那些有足够资格和能力设立优秀论文奖的学院，为了向大众表明自己对良好德行的重视与热爱，最好选择一个可以激起人们对良好德行的兴趣的主题。这样做可以让人们亲眼看到学院确实在传播有益人类的知识，施行有益人类的教育。

那些对我的观点提出反对意见的人，无一不在证明我的论点的正确性。有人认为，我们没有必要在一个问题上如此耗费精力，但是，我认为，花费时间去解决一个存在的问题是非常有必要的。因为，如果问题不存在，那就根本不需要人们去寻找解决方法。如果现在应对问题的措施并没有产生理想中的效果，我们为什么还要保留这个“最佳方案”呢？我们忽视科学研究的目的，为研究者的利益而一个接一个地开设研究机构，让学者们陷入为研究而研究的怪圈。但是，我们从人们采取的解决措施中似乎可以看到他们对劳动者数量过多和哲学家队伍力量不足的担忧。其实，我并不想如此轻率地把农业和哲学拿来进行对比。而且，我也知道，人们不会赞同这种行为。在这里，我想请教几个问题：哲学是什么？那个由最有名的哲学家写成的名作里都记录了什么？这些智慧之友想为人类传递什么劝诫话语？他们的行为和话语，难免不让人把他们当成骗子对待：他们分散在广场的各处，每个人都在卖力地宣传自己，“快到我这里来吧，只有我不会对你们说谎”。他们有的人说，这个世界是表象的，没有真实实体的存在；有的人说，物质是这个世界唯一的实体，人是这个世界唯一的神明；有的人说，这个世界既不存在“善”的行为，也不存在“恶”的行为，“善恶”的概念都是没有事实根据的；还有的人说，人类有着如豺狼一般的品行，他们确实在互相残杀。诸位伟大的哲学天才啊，请你们把这些“好的”思想全部留给你们的朋友及孩子欣赏吧！而且，我相信，如果你们把这些观点与他们分享，最后一定会受益良多。这样的话，我们也不用为我们的人随时可能成为你们的同盟而提心吊胆了。

这就是我们崇敬的“天才”人物！这样的人在生前竟然被同时代的人们争相推崇，在死后还被人们不断称颂。我们从这些人那里学了一些深奥的知识，并强迫我们的子孙世代传承。虽然异教徒创作的书中有一些不合常理的荒诞内容，但这还不足以让它们与在《福音书》统治时代印刷的那些可耻作品相提并论。在留基伯和狄阿格拉斯那个时代，人们还没有发明印刷术这种能让不合常理的作品长久流传的办法，因此，他们那些冒犯神明的作品在他们死亡之后就不存在了。但是，活版印刷术[①]的出现和推广，使得像霍布斯和斯宾诺莎的那类人散布的危险言论有了永久流传的基础。这样看来，那些仅凭我们祖先空空如也的头脑和粗犷的性情绝对写不出的作品就可以广泛传播了，那些带着我们这个时代腐朽风气的危险作品就可以流传后世了。希望这些作品可以为我们的后代送去我们这个时代的，关于科学与艺术的兴盛与影响的真正史实。我相信，他们在读完之后，就不会像我们一样对这个问题如此疑惑了。只要他们懂得变通，就会无比痛苦地举起自己的双手，向神明祈求援助："无所不能的上帝啊，人们的灵魂就掌握在您的手中，请您帮我们摆脱祖先的那些无用理论和危险艺术吧！请您把人类幸福的源泉——无知、纯洁与贫穷——重新赐予我们。您的珍视才是我们永久的财富。"

总而言之，科学与艺术的兴盛非但没有为我们带来真正的幸福，还在腐蚀我们的社会风俗之后间接破坏我们纯洁的审美趣味。由此来看，我们应该如何看待那些用一些粗浅的入门知识来降低缪斯女

---

① 印刷术的出现使得欧洲步入了一种危险的境地。由于这种混乱的现象日益严重，欧洲的君主们像当初毫不犹豫地普及印刷术一样，不假思索地在本国禁止了这项技术的使用。例如，苏丹阿默特一开始满足了一些自认为情操高尚的人在本国设立印刷厂的心愿，只是那家印刷厂刚在君士坦丁堡建好就被下令拆毁了，并且里面的机器都被扔进了井里。还有一个传言，有人曾向哈里发奥马尔询问关于亚力山大城的图书馆的处理方法。哈里发奥马尔对他说道："如果这个图书馆的藏书有违背《古兰经》内容的坏书，那就需要焚毁；如果这个图书馆的藏书有包含《古兰经》内容的多余书籍，那也需要焚毁。"如今，我们的学者认为这个决定不合情理。但是，如果把格雷戈里大教皇带入奥马尔的位置上，让他依据《福音书》做出决定，那么，可能这座图书馆里的书还是难逃被焚毁的命运。或许，它有可能被人们看作这位史上有名的教皇所做的最好的一件事。

神门槛的创作者呢？我们应当清楚，那些在文艺探索路途中遇到的困难都是大自然对人们意志品质的考验。那么，我们又该如何看待那些企图让人们轻而易举地接触科学，并且不加区分地吸纳科学信徒的著作者呢？事实上，并不是每个人都适合从事文艺工作。我们应当拒绝那些不可能取得文艺成就的人踏入这个领域，从而使他们有机会接触那些具有实用性的技术。一个在文艺方面没有天分的人，忙碌一生最多能成为一个令人乏味的诗人或者低人一等的数学家，但是，如果他去接触纺织行业，也许就能成为一个优秀的匠人。当然，那些被大自然赋予智慧的人并不需要老师，就像培根、笛卡儿和牛顿这样被称为人类的导师的人。可想而知，没有一个老师有能使他们到达天才高度的能力，因为资质平平的老师们只会把学生的能力控制在自己能掌握的范围之内，而这样做会极大地损害学生的天分。正因为他们缺乏最初的指引，在经过重重考验之后才会得到努力的方式和方法，才会有决心突破他们艰难走过的那片领域。如果人们认为我们不能缺少研究科学与艺术的人，那他们必须具有不可动摇的自信和超强的能力。他们一定要坚信自己可以继承前人的智慧，赶上并超越前人的成果。在我看来，能够为人类争光，书写历史丰碑只有这些少数人。

如果人们想让天才保持一个绝对不被超越的地位，就要使天才一直超越人们的希望。毫无疑问，这是可以使人们受到激励的方式。人们的灵魂总会随着他们目标的变化而成比例变化，通常来讲就是，时势造英雄。例如，最擅于演讲的人是罗马的执政官，最伟大的哲学家是英国的财政大臣。如果那位执政官最终在大学做了老师，那位财政大臣在学院里找到了薪资微薄的职务，我们就不得不怀疑他们是否能够不受职务影响而取得现在的成就。请各位君主以开阔的胸襟接纳那些可以为你们提供真诚建议的人，远离那些拥有丰功伟绩的祖先因自傲遗留下来的顽固偏见——寻找统治人民的策略比探索教育人民的方法更难。这样的说法让人觉得教育人们主动做好事似乎比逼迫人们做好事更简单。请把那些真正优秀的学者安排在朝中代表荣耀的职位上吧，希望他们可以在这里得到一份与自身价值相符的工作报酬——一份由那些因他的智慧而获得幸福的人回馈的报酬。只有在这种情形下，那些因自身高尚的德行和人民的幸福而行动的，有良好德行和丰富科学知识的学者和君主，才会向人们展现出他们真实的一面。但是，如果君主只关心他的权力而不去做好事，学者只关心他的知识而不去关注伟大的事业，人们卑贱、腐朽和不幸的状态就永远不会得到改善。

就我们而言，由于我们这些资质平平的普通人既不具备高超的天赋，也不会获得显赫的荣耀，因此我们只需要保持一个平静的心态，在默默无闻中度过自己的一生。我们不要去追求那些得不到的荣誉，这件事只会让我们得不偿失。即使我们最终能够获得它，这些毫无价值的荣誉也不值得我们去关注。当我们仅凭自身的能力就能获得幸福时，就不需要生活在别人的评价中了，因为这对我们一点儿好处也没有。就让那些担负使命的人去履行教育他人的职责，而我们就不需要了解除履行自身义务之外的其他东西了。

美德啊！为什么那些将你视为科学的朴实之人还要千辛万苦地去寻找你？人们不应该把你的原则刻在心上吗？难道在平静的心态下倾听自己的心声不能理解你的法则吗？真正的哲学就在这里啊！让我们学会满足现状，不要去羡慕那些流芳百世的大家在文学领域取得的成就。就像以前两个伟大的民族之间经常被人们找出的明显的区别一样，我们和那些名士之间的明显区别就是：他们负责把语言说得更巧妙，我们负责把事情处理得更完善。

附录三：卢梭学案*

梁启超

呜呼！自古达识先觉，出其万斛血泪，为世界众生开无前之利益。千百年后，读其书，想其丰采，一世之人，为膜拜赞叹，“香花祝而神明视，而当其生也”。举国欲杀，颠连困苦，乃至谋一馔一粥而不可得，僇辱横死，以终其身者，何可胜道？诚一游瑞士之日内瓦府，与法国巴黎之武良街，见有巍然高耸云表，神气飒爽，衣饰褴褛之石像，非 JEAN JACQUES ROUSSEAU 先生乎哉？其所著《民约论》（*SOCIAL CONTRACT*）迄于十九世纪之上半纪，重印殆数十次，他国之翻译印行者，亦二十余种。噫嘻盛哉！以双手为政治学界开一新天地，何其伟也！吾辈读卢氏之书，请先述卢氏之传。

卢梭者，法国人，匠人某之子也。以一千七百十二年生于瑞士之日内瓦府，家贫窭，幼失母，天资颖敏，不屑家人生产作业，而好读稗官野乘，久之自悟句读。遂涉猎发朱惠、慕理英尔诸大家著作。及执弟子礼于乡校师良边西之门，得读普鲁达尔之书，慨然自奋曰：“英雄豪杰，非异人任矣！”自是刻苦砥砺，日夜孜孜，惟恐不足，崭然有睥睨千古之慨。成童时，其父以故去日内瓦府，属卢梭于佣书某。而卢梭意不自适，因从雕刻师某业焉。无何，又去某氏，漫

* 为保持原作风貌，本书所选篇目保留原版习惯用字、通假字、外文书名和外文人名，与现代规范汉语有出入者，请读者注意辨识，勿产生误解。——编者注

游四方。千七百二十八年，入法国安西府，寄食瓦列寡妇某氏。氏悯其年少气锐，常为饥驱。又欲变化其狷介之气质，恩遇周挚，若家人父子然。遂劝其奉耶稣旧教，又命入意大利株林府教育院，既又出教育院为音律师。出入侯门，仅免冻馁。后益困，常执仆隶之役，卑贱屈辱，不可终日。乃复投瓦列寡妇，妇善视之如初。及妇没，赴里昂府。主大判事某家，教授其子弟。千七百四十一年，著音律书于巴黎，为伶人所沮，书不得行。千七百四十九年，穷乏益酷，恒终日不得一炊。遂矫正其所著书，务求合俗，出而售之，仅获旦夕之饷焉。千七百五十二年，著一书颜曰 *DICTIONARY OF MUSIC* 痛斥法国音律之弊，于是掊击纷起，几无容身之地。自后益肆力于政治之学，往往有所著述，而皆与老师宿儒不合，排之者众。群将媒孽之，以起冤狱。大惧，避至日内瓦府，又奉耶稣新教。欲为瑞士共和国人民，瑞人阻之。不得意而还巴黎，又著《教育论》及道德小说等书。言天道之真理，造化之妙用，以排斥耶稣教之豫言奇迹者，得谤益甚。巴黎议会命毁其书。且将拘而置诸重典，又奔瑞士。与其国人争论不合，复还巴黎。会法政府命吏物色卢梭，搜捕甚亟。乃闭户不敢外出，时或微服而行云。千七百六十六年，应友人非迷氏之聘，赴英伦敦。与僚友议不合，又还法国，自变姓名，潜居诸州郡。而屡与人龃龉，不能久居于一处。千七百七十年五月，卒归巴黎。自谓“天下之人，皆仇视我”也，怏怏不乐，遂发狂疾。仁剌达伯惜其有志不遂，为与田宅数亩，隐居自养。千七百七十一年，著《波兰政体考》，七十八年业成。此书鸿富奥博，而于民约之旨，尤三致意焉。是年三月，暴卒。或云病毙，或云遭仇人之毒。官吏验视，则自杀也。卢梭性锐达，少有大志，然好为过激诡异之论。虽屡为世人所挫折，而其志益坚。晚年愤世人不己容，遂至发狂自戕，于戏不其悲夫。一千七百九十四年，法人念卢梭发明新学之功，改葬遗骸于巴黎招魂社，又刻石肖像于日内瓦府。后数年，巴黎人选大理石刻半身像于武良街，至今人称为卢梭街。缙绅大夫，过者必式礼焉。

民约之义，起于一千五百七十七年，姚伯兰基氏，曾著一书，名曰《征讨暴君论》。以为邦国者，本由天与民与君主相共结契约而起者也。而君主往往背此契约，为民灾患，是政俗之亟宜匡正者也，云云。此等议论，在当时实为奇创。其后霍布士陆克皆祖述此旨，渐次光大。及卢梭，其说益精密，遂至牢笼一世，别开天地。今欲详解卢氏民约之旨，使无遗憾。必当明立国之事实，与立国之理义，两者分别之点，然后不至误解卢氏之说以误后人也。

就立国之实际而考之，有两原因焉：一则因不得已而立者也，一则因人之自由而立者也。所谓不得已者何？夫人不能孤立而营生也。因种种之需求，不得不通功易事，相聚以各得所欲。此理自亚里士多德以来，学士辈多能论之。皆以为人之性，本相聚而为生者也。是故就事实、实迹言之，苟谓人类之始，皆一一孤立，后乃相约而成邦国，云云。其论固不完善，盖当其未立契约以前，已有其不得已而相处者存也。是故卢梭民约之说，非指建邦之实迹而言，特以为其理不可不如是云尔。而后世学者排挤之论，往往不察作者本旨所在，辄谓遍考历史，曾无一国以契约而成者，因以攻《民约论》之失当，抑何轻率之甚耶！

卢梭民约之真意，德国大儒康德（IMMANUEL KANT）解之最明。康氏曰："民约之义，非立国之实事，而立国之理论也。"此可谓一言居要者矣。虽然徵之史籍，凡各国立国之始，亦往往有多少之自由主义行乎其间者。夫人智未开之时，因天时人事之患害，为强有力者所胁迫，驱民众而成部落，此所谓势之不可避者，固无待言。然于其间自有自由之义存焉，人人于不识不知之间而自守之，此亦天理所必至也。故卢梭曰：“凡人类聚合之最古而最自然者，莫如家族然。一夫一妻之相配，实由契于情好互相承认而成，是即契约之类也。既曰契约，则彼此之间，各有自由之义存矣。不独此也，即父母之于子亦然。子之幼也，不能自存，父母不得已而抚育之，固也。及其长也，犹相结而为尊卑之交，是实由自由之真性使之然，而非有所不得已者也。世人往往称家族为邦国之滥觞，夫以家族之亲，其赖以久相结而不解，尚必藉此契约，而况于邦国乎？”夫如是，众家族既各各因契约而立矣。寖假而众家族共相约为一团体，而部落生焉；寖假而众部落又共相约为一团体，而邦国成焉。但此所谓相约者，不过彼此心中默许，不识不知而行之，非明相告语，著之竹帛云尔。不宁惟是，或有一邦之民，奋其暴威，战胜他邦，降其民而有之。若欲此二邦之民，永合为一，辑睦不争，则必不可无所约。不然，则名为二邦相合，实则阴相仇视而已。故知人类苟相聚而居，其间必自有契约之存，无可疑者。又凡人生长于一政府之下，及既达丁年，犹居是邦，而遵奉其法律，是即默认其国之民约而守之也。又自古文明之国，常有举国投票，改革宪法，亦不外合众民以改其民约而已。

以上所论，是邦国因人之自由而立之一证也。虽然卢梭所最致意者，不在于实事之迹，而在事理之所当然。今先揭其主义之最简明而为人人所诵佩者如下：

卢梭曰：“众人相聚而谋曰：‘吾侪愿成一团聚，以众力而拥护各人之性命财产，勿使蒙他族之侵害。’相聚以后，人人皆属从于他之众人，而实毫不损其固有之自由权，与未相聚之前无以异。若此者，即邦国所由立之本旨也。而民约者，即所以达行此本旨之具也。”

卢氏此言，可谓深切著明矣。凡两人或数人欲共为一事，而彼此皆有平等之自由权，则非共立一约不能也。审如是，则一国中人人相交之际，无论欲为何事，皆当由契约之手段亦明矣。人人交际既不可不由契约，则邦国之设立，其必由契约，又岂待知者而决乎？

夫一人或数人之交际，一事或数事之契约，此契约之小焉者也。若邦国之民约，则契约之最大者。而国内人人小契约之所托命也，譬之民约如一大圆线；人人之私约，如无数小圆线。大圆线先定其位置，于是小圆线在其内，或占左位，或占右位，以成种种结构。大圆之体，遂完足而无憾。

民约所以生之原因既明，又当论民约所生之结果。卢梭以为民约之目的，决非使各人尽入于奴隶之境。故民约既成之后，苟有一人敢统御众人而役使之，则其民约非复真契约，不过独夫之暴行耳。且即使人人甘心崇奉一人，而自供其役使。其所谓民约者，亦已不正。而前后互相矛盾，不可为训矣。要而论之，则民约云者，必人人自由，人人平等。苟使有君主臣庶之别，则无论由于君主之威力，由于臣民之好意，皆悖于事理者也。故前此霍布士及格鲁西亚，皆以为民约既成，众人皆当捐弃己之权利，而托诸一人或数人之手。卢梭则言："凡弃己之自由权者，即弃其所以为人之具也。"旨哉言乎！

卢梭曰："保持己之自由权，是人生一大责任也。凡号称为人，则不可不尽此责任。盖自由权之为物，非仅如铠胄之属，藉以蔽身，可以任意自披之而自脱之也。若脱自由权而弃之，则是我弃我而不自有云尔，何也？自由者凡百权理之本也，凡百责任之原也。责任固不可弃，权理亦不可捐，而况其本原之自由权哉！"且自由权又道德之本也。人若无此权，则善恶皆非己出，是人而非人也。如霍氏等之说，殆反于道德之原矣。卢梭言曰："譬如甲、乙同立一约，甲则有无限之权，乙则受无限之屈。如此者可谓之真约乎？”如霍氏等说，则君主向于臣庶，无一不可命令，是君主无一责任也。凡契约云者，彼此各有应尽之责任云也。今为一契约，而一有责任。一无责任，尚何约之可言？

按：卢氏此论，可谓铁案不移。夫使我与人立一约，而因此尽捐弃我之权利，是我并守约之权而亦丧之也。果尔，则此约旋成随毁，当初一切所定条件，皆成泡幻。若是者，谓之真约得乎？

卢梭既论弃权之约之悖谬，又以为吾若为此等约，不徒自害，且害他人，何以故？邦国者，非独以今代之人成，而后来之人，陆续生长者，皆加入之也。子又生孙，孙又生子，如是乃至无穷。则我之契约，并后代之人而坑陷之，其罪为何如耶？

卢梭又言曰：“纵令人有捐弃本身自由权之权，断无为儿子豫约代捐彼自由权之权，何也？彼儿子亦人也，生而有自由权。而此权当躬自左右之，非为人父者所能强夺也。是故儿子当婴孩不能自存之时。为父者，虽可以代彼约束各事，以助其生长，增其福利。若夫代子立约，举其身命而与诸人，使不得复有所变更，此背天地之公道，越为父之权限，文明之世所不容也。”

按：吾中国旧俗，父母得鬻其子女为人婢仆，又父母杀子，其罪减等，是皆不明公理，不尊重人权之所致也。由此观之，则霍氏之说之谬误，不辨自明。夫人既不能滥用己之自由权，以代后人捐弃其权。然则奉世袭之一君主若贵族以为国者，其悖理更无待言。

问者曰：“民约者，不能捐弃其自由权以奉于一人若数人。既闻命矣，然则捐弃之以奉于众人可乎？更申言之，则民约者，非甲与乙所立之约，乃甲乙同对于众人（即邦国）所立之约。然则各人举其权而奉诸邦国，不亦可乎？”是说也，即纯类乎近世所谓“共有政体”

欲举众人而尽纳诸公会之中者也。卢氏关于此答案，其言论颇不明了，且有瑕疵，请细论之。

卢梭曰：“民约中有第一紧要之条款曰：‘各人尽举其所有之诸权，而纳诸邦国是也。’”由此观之，则其所谓民约者，宛然“共有政体”。盖卢梭浸淫于古者柏拉图之说，以邦国为全体，以各人为肢节，而因祖述其义者也。夫邦国之与人民，其关系诚有如全体之于肢节者。盖人在邦国相待而为用，又有诸种之职各分任之，犹人之一身，手、足、头、目、肺、肠，各司其职以为荣养。是说也，古昔民主国往往实行之，而斯巴达（希腊之一国）、罗马二国，其尤著者也。彼其重邦国而轻各人，惟实行此主义之故。

卢梭及十八世纪诸硕学，皆得力于古籍者也。故旧主义（即以国为重者）与新主义（即以民为重者）常搀杂于其间。卢氏尝定国中各种之职务而设一喻，其言曰：“主权者，元首也；法律及习俗，脑髓也；诸职官，意欲及感触之器也；农、工、商、贾，口及肠胃所以荣养全身者也；财政，血液也；出纳之职，心脏也，国人身也，全体之肢节也。是故苟伤害国家之一部，则其病苦之感，直及于头脑，而忽遍于全身，云云。”此等之论，仅自财利上言之，可谓毫发无遗憾。若夫自各人自由权言之，则稍有未安者。果如此说，则邦国独有一身之全体，而各人不过其肢节脏腑，是人民为国家之附庸也。是惟邦国为能有自由权，而各人之自由，不过如冥顽无觉之血液，仅随生理循环之转动也。夫卢氏之倡民约也，其初以人人意识之自由为主，及其论民约之条项，反注重邦国而不复顾各人，殆非卢氏之真意。

卢梭亦知其说之前后不相容也，于是乃为一种之遁词。其言曰：“各人虽皆自举其身以与众人，实则一无所与，何也？我举吾身以与他人，他人亦举其身以与我，如是而成一邦国，吾于此有所失，而于彼有所得，而又得赖众力以自拥卫，何得失之可言，云云。”是言也，不过英雄欺人耳。夫既已举各人而纳于邦国中，则吞吐之而消融之矣，何缘复得其所已失耶？《民约论》全书中，此段最为瑕疵矣。

虽然以卢梭之光明俊伟，岂屑为自欺欺人者。故既终其说之后。复发一议以自正其误曰：“凡各人为民约而献纳于国家者，亦有度量分界。不过为维持邦国所必要之事件，而将己有之能力财产与自由权，割爱其中之几分以供众用云耳。”由此言之，则卢梭所谓各人捐弃其权利者，非全部而一部也。然卢氏之精意，犹不止此，彼以为民约之成也。各人实于其权利分毫无所捐弃，非独无捐弃而已。各人因民约所得之利益，较之未立约以前更有增者，何也？合众力而自拥卫，得以护持己之自由权而使莫或侵也。

读至此，然后卢梭之本旨乃可知矣。盖以为民约之为物，非以剥削各人之自由权为目的，实以增长坚立各人之自由权为目的者也。但卢氏深入于古昔希腊、罗马之民主政治，其各种旧主义，来往胸中，拂之不去。故虽以炯炯如炬之眼，为近世真民主主义开山之祖，而临去秋波，未免有情，此亦不必为大贤讳者也。

卢梭又以为民约之为物，不独有益于人人之自由权而已，且为平等主义之根本也。何以言之？天之生人也，有强弱之别，有智愚之差。一旦民约既成，法律之所要，更无强弱，更无智愚，惟视其正不正何如耳，故曰民约者。易事势之不平等，而为道德之平等者也。事势之不平等者何？天然之智愚强弱是也。道德之平等者何？由法律条款所生之义理是也。

人人既相约为群以建设所谓政府者，则其最上之主权，当何属乎？卢梭以为民约未立以前，人人皆自有主权。而此权与自由权合为一体，及约之既成。则主权不在于一人之手，而在此众人之意，而所谓公意者是也。

卢梭以为凡邦国皆藉众人之自由权而建设者也，故其权惟当属之众人，而不能属之一人若数人。质而言之，则主权者，邦国之所有；邦国者，众人之所有；主权之形所发于外者，则众人共同制定之法律是也。

卢梭又以为所谓公意者，非徒指多数人之所欲而已，必全国人之所欲而后可。故其言曰："凡议事之时，相约以三占从二决可否，固属不得不然之事。然为此约之前，必须得全员之许诺而后可。是每决一事，皆不啻全员之同意也。不宁惟是，所谓公意者，非徒指现时国人之所欲而已，又并后人之所欲而言之，何也？现时全国人之所欲，在于现时，洵所谓公矣。及其与后代全国人之所欲不相合时，则已不得谓之公意。是故今日以全国人之议而决定者，明日亦可以全国人之议而改之。不然，则豫以今日之所欲，而束缚他日之所欲，岂理也哉？"

由是观之，则卢梭所谓公意，极活泼自由，自发起之，自改正之，自变革之，日征月迈，有进无已，夫乃谓之公意。且公意既如此其广博矣，则必惟属于各人所自有，而不可属于他人。故卢梭又言曰："国民之主权不可让与者也，今有人于此，而曰：'某甲今日之所欲，吾亦欲之，斯可也。'若曰：'某甲明日之所欲，吾亦欲之，斯大不可。'何则？意欲者，非可自束缚者也。故凡涉于将来之事，皆不得豫定。反此者，是谓我侵我之自由权。"

卢梭又曰："一邦之民，若相约拥立君主，而始终顺其所欲，则此约即所以丧失其为国民之资格，而不复能为国也。盖苟有君主，则主权立即消亡。"卢氏据此真理，以攻击世袭君主之制，及一切贵族特权之政治，如以千钧之弩溃痈矣。卢梭又曰："主权者，合于一而不可分者也。一国之制度，虽有立法、行法之别，各司其职，然主权当常在于国民中而无分离。虽分若干省部，设若干人员，皆不过受国民之附托，就职于一时耳。国民因其所欲，可以随时变更法度，而不能有所制限。然则立法、行法、司法三权，所以分别部居不许杂厕者，正所以保护三权所从出之主权，使常在全国人之掌握也。”是故主权之用可分，而主权之体不可分，是《民约论》之旨趣也。

学者见卢梭之主张公意，如此其甚也。以为所谓公意者，必与确乎不易之道理为一体矣。虽然又当细辨，卢梭之所贵乎公意者，指其体而言，非指其用而言。故其言曰：“公意者，诚常正而以规图公益为主者也。虽然其所议决非必常完善者，何也？旨趣与决议，或往往背驰。民固常愿望公益，而或常不能见真公益之所存故也。”故卢梭又曰：“众之所欲，与公意自有别。公意者，必常以公益为目的。若夫众之所欲，则以各人一时之私意聚合而成，或往往以私利为目的者有之矣。”

若是乎凡一国所布之令，必以真出于公意者，然后可谓之法律。若夫发于一人或数人之意者，不能成法律，此理论之正当者也。虽然以今日之国家，其实际必不能常如是。故但以众人所公认者，即名之曰法律。而公认之方法，则以国人会议，三占从二以决之而已。

卢梭乃言曰：“法律者，以广博之意欲与广博之目的相合而成者也。苟以一人或数人所决定者，无论其人属于何等人，而决不足以成法律。又虽经国民全员之议决，苟其事仅关于一人或数人之利害，而不及于众者，亦决不足以成法律。”

按：此论可谓一针见血，简而严、精而透矣。试一观我中国之法律，何一非由一人或数人所决定者？何一非仅关系一人或数人之利害者？以此勘之，则谓吾中国数千年来未尝有法律，非过言也。

卢梭又曰:“法律者，国民相聚而成立之规条也。”又曰:“法律者，全国民所必当遵守，以故全国民不可不议定之。”又曰:“国也者，国民之会聚场也。法律也者，会所之规约也。定会所之规约，凡与于此会聚之人，所公有之责任也。”

又曰:“若欲得意欲之公，不可先定某某事，以表众人之同意，必众人皆自发议而后可。”

又曰:“若欲真得意欲之公，则各人必须由自己所见而发，不可仰承他人之风旨。苟有所受，斯亦不得为公矣。”

虽然卢梭之意，以为公意体也，法律用也；公意无形也，法律有形也；公意不可见，而国人公认以为公意之所存者。夫是之谓法律，惟然。故公意虽常良善，而法律必不能常良善。故卢梭又曰:“凡事之善良而悉合于道理者，非吾人所能为，皆天之所命也。使吾人若能一一听命于天，不逾其矩，则无取乎有政府，无取乎有法律。惟其不能，则法律所以不得不起也。”

又曰:“世固有事物自然之公理，精当不易之大义。然欲以行之于斯世，而不能人人尽从者，有从有不从，是义终不得行也。于是乎不得不由契约而定之，由法律而行之。然后权理乃生，责任乃出，而理义始得伸。”故卢梭谓孟德斯鸠之所谓法律，不过事物自然之法律。而未足称为邦国之法律，谓其施行之方法未明也。

是故卢梭之意，以为法律者，众人相共议定，从于事物自然之理，以发表其现时之意欲云尔。要之，法律者，自其旨趣言之，虽常公正，然其议而定之也，常不能尽然，故不可不常修改而更正之。此一说实卢梭之识卓越千古者也。

凡当议定法律之时，必求合于正理，固不待言。但有时错谬而与理背驰，故无论何种法律，皆可随时厘正变更，而此厘正之权，当常在于国民之手。故卢梭谓彼握权之人，一旦议定法律，而始终不许变易者，实政治之罪人也。

又曰:“凡法律无论若何重大，无有不可以国人之所欲而更之者。苟不尔，则主权不复在国民之手，而政治之基坏矣。”

卢梭又曰:“凡法律之目的，在于为公众谋最大利益。而所谓公众最大利益者非他，在自由与平等二者之中而已，何也？一国之中，有一人丧自由权之时，则其国灭一人之力，此自由所以为最大利益也。然无平等，则不能得自由，此平等所以为最大利益也。”

又曰:“吾所谓平等者，非谓欲使一国之人，其势力财产，皆全相均而无一差异也。若是者，盖决不可行之事也。但使其有势力者，不至涉于暴虐，以背法律之旨趣，越官职之权限，则于平等之义斯足焉矣。至财产一事，但使富者不至藉金钱之力以凌压他人，贫窭者不至自鬻为奴，则于平等之义斯足焉矣。”

又曰:“欲使邦基永奠，则当令贫富之差，不至太相远。苟富者太富，贫者太贫，则于国之治安，俱有大害，何也？富者藉财力以笼络贫者，而潜夺其政权。贫者甘谄谀富者，而供其使役。质而言之，则富者以金钱收买贫者之自由权，而主人奴隶之势斯成矣。虽然富者愈富，贫者愈贫，其差异以渐次而日甚，此又自然之势，无可如何者也。故必当藉法律之力，以防制此势。节中而得其平，则平等自由，可以不坠于地。”

卢梭以前诸学者，往往以国民之主权与政府之主权混淆为一。及卢梭出，始别白之。以为主权者，惟国民独掌之，若政府则不过承国民之命以行其意欲之委员耳。其言曰:“政府者，何也？即居于掌握主权者（即国民全体）与服从主权者（即各人）之中间，而赞助其交际，且施行法律以防护公众之自由权者也。更质言之，则国民者，主人也。而官吏者，其所佣之工人而执其役者也。”

夫政府之为物，既不过受民之委托以施行其公意之一机关，则其所当循守之责任可知矣。故凡可以伤国民自由权之全部若一部之事，皆当避之。故无论何种政体，苟使国民不能自行其现时之意欲与将来之意欲者，皆谓之不正，何也？苟国民常不能掌握主权，则背于立国之大本也。卢梭乃断言曰：“凡政体之合于真理者，惟民主之制为然耳。”

是故卢梭以为政体种类之差别，不过因施法权之分配如何而强为之名耳，非谓立法权之分配可以相异也。盖立法权者，必常在全国之人手，而万无可以分配之理。若不尔，则一人或数人握之，已反于民约之本义，而尚何政体之足云。所谓施法权之分配者，或以全国人而施行全国人之所欲，或以一人而施行全国人之所欲，或以若干人而施行全国人之所欲。即世俗所谓君主政体、少数政体、民主政体之分也。若夫发表意欲（即立法权），必属于全国人之责任，无可移者。且彼之任施法权者，无论为一人，为若干人，皆不过一时偶受委托。苟有过举，则国人皆得责罚之，罢黜之。

至委托施法权之事三者之中，果以，何为善乎？卢梭曰：“全国人自行施法之权，苟非小国，必不能实行之，且有种种弊端。比诸君主政体、贵族政体，其害或有更甚者。故分诸种之官职，而严画其权限，最为善矣。”

卢梭于是取现时英国所循之政体，即所谓代议政体者而评论之，以为其分别施法之权，洵善也，虽然其代议政体尚不免与自由真义稍有所戾，何则？代议政体者，以若干人员而代国人任主权者也。故国人得发表其意欲者，仅存投票选举议员之一日而已。此一日以外，不过拱手以观代人之所为。故如此政体，国人虽非永远捐弃其自由权，而不免一时捐弃之矣。故曰“未得为真善美之政体”也。卢梭以为国人票选若干人员而委之以议政之权，固无不可。惟必当明其责任，有负责者，则可随时黜之，何也？彼若干人者，不过为一时受托之人，非谓使其人代己握主权，而以己权全付之也。盖权本不得让与他人，故亦不得使人代我握之。主权常存于公众意欲之中，而意欲者必非他人可以代表者也。

又言：“法律者，众意之形于外者也。我有我之意，代人有代人之意，故立法权决不可使人代我。若夫施法权则可以代矣，何也？施法权者不过实行我所定之法律而已。”又言：“英国人自以为我实有自由权，可谓愚谬。盖彼等惟选举议员之日有自由权耳，选举事毕，便为奴隶矣。”

如卢梭之言，则议定法律之事，凡为国民者，不可不躬自任之，斯固善矣。然有一难事焉，在于大国之国民，果能一一躬握此权，而不托诸代人乎？卢梭曰：“是固不能。是故欲行真民主之政，非众小邦相联结不可。”难者曰：“众小邦并立，则或有一大邦狡焉思逞，以侵犯之，其奈之何？”卢梭曰：“众小邦相联为一，则其势力外足以御暴侮，内足以护国人之自由。故联邦民主之制，夐乎尚矣。”

卢氏又以为联邦民主之制，其各邦相交之际，有最紧要者一事。惜哉！其所谓紧要之一事，未及论叙，而卢氏遂卒，使后人有葭苍露白之感焉。但度其所谓联邦民主之制，殆取法于瑞士，而更研究其利弊也。

卢氏以为瑞士联邦，诚太弱小，或不免为邻邦所侵轹。虽然使有一大邦，效瑞士之例，自分为数小邦。据联邦之制，以实行民主之政，则其国势之强盛，人民之自由，必有可以震古烁今，而永为后世万国法者。卢氏之旨，其在斯乎，其在斯乎！

按：卢氏此论，可谓精义入神，盛水不漏。今虽未有行之者，然将来必遍于大地，无可疑也。我中国数千年生息于专制政体之下，虽然民间自治之风最盛焉，诚能博采文明各国地方之制，省省府府、州州县县、乡乡市市，各为团体，因其地宜以立法律，从其民欲以施政令，则成就一卢梭心目中所想望之国家。其路为最近，而其事为最易焉。果尔，则吾中国之政体，行将为万国师矣。过屠门而大嚼，虽不得肉，固且快意。姑妄言之，愿天下读者勿姑妄听之也。

附录四：卢梭生平年表

年份	事件	背景及影响
1712	让 - 雅克·卢梭于 1712 年 6 月 28 日出生在日内瓦。 同年，母亲因产后失调去世。	卢梭是家里的第二个孩子。 卢梭的父亲伊萨克·卢梭信奉新教，是一位钟表匠。 卢梭的母亲苏珊·贝尔纳在一个牧师家庭里长大。 在母亲去世后，卢梭的姑姑苏珊·卢梭一直在照顾他。
1722	卢梭的父亲逃离日内瓦。 舅舅加布里埃尔·贝尔纳成为卢梭的监护人，并把卢梭和他的儿子亚伯拉罕·贝尔纳一起送到朗贝尔西埃牧师处，学习拉丁文和其他一些教育课程。	卢梭的父亲与一位名叫戈蒂埃的法国上尉发生纠纷后被指控，他为躲避法院的不公正判决，逃离了日内瓦，后来在尼翁定居。 卢梭在朗贝尔西埃牧师家里很受照顾，并在这个地方和表哥建立了牢固的情感。
1724	卢梭和表哥亚伯拉罕·贝尔纳被舅舅接回日内瓦。 卢梭被送到一位叫马斯隆的法院书记官家里学习文书工作。	舅舅和舅妈不重视对卢梭的教育。 卢梭对制图很感兴趣，对文书工作很厌恶，但最后不得不在大人的安排下去了马斯隆先生的事务所。 卢梭在马斯隆那里学习时受到了很大的打击。

续表

年份	事件	背景及影响
1725	卢梭被送到雕刻匠家里做学徒。 卢梭在此期间读了大量杂书。	雕刻师傅迪柯曼专横又暴躁的性格使卢梭丢失了他的灵性与教养，染上了恶习。
1728	卢梭从雕刻师傅家中逃出。 卢梭在孔菲格农神甫蓬韦尔先生的建议下，去安纳西寻找瓦朗夫人。 卢梭留在了安纳西，不久，在当地教会和瓦朗夫人的支持下前往都灵。 卢梭在都灵的初学教理者的收容所里改信天主教。 卢梭在韦塞利伯爵夫人家做仆人，偷了一条丝带，并为了逃避责骂诬陷了一名女仆。	瓦朗夫人是卢梭生命中最重要的女人之一，她在这段时期对卢梭表现出的关怀影响了卢梭今后的性格。 卢梭后来一直为轻易改变自己的信仰而忏悔。 卢梭为他诬陷女仆的行为悔恨了一生。
1729	卢梭回到安纳西，继续在瓦朗夫人家借宿。	瓦朗夫人为卢梭提供了无微不至的关心与帮助。 卢梭对瓦朗夫人产生了依赖。
1730	瓦朗夫人把卢梭送去修道院，为将来的工作做准备。 卢梭应瓦朗夫人的要求送好友勒梅特尔去里昂，但在勒梅特尔发病时离开了他。 卢梭回到安纳西，得知瓦朗夫人去了巴黎。 卢梭机缘巧合来到洛桑，并教授音乐。 卢梭做了希腊主教的随行翻译人员。 卢梭得到法国大使的资助，去巴黎与一名军官做伴。	很久之后，把朋友抛弃这件事成了卢梭的心病。 卢梭在教授别人音乐时没有基础，十分羞于当时人们给予他的赞美。后来，他在教授音乐过程中学了不少音乐理论，成为一名合格的家庭教师。

续表

年份	事件	背景及影响
1732	卢梭在经过很长一段时间的旅行之后，回到了尚贝里的瓦朗夫人处。 卢梭通过瓦朗夫人找到了一份当地的土地测量的工作。 卢梭因此开始自学数学来解决土地测量问题。而后，又喜欢上了绘画、植物与音乐。 卢梭在此时读了大量著作。	
1734	卢梭成为瓦朗夫人的管家，帮助瓦朗夫人研究植物和制药。 卢梭开始接触作曲。	卢梭在尚贝里的生活十分安定且温馨。
1737	卢梭因为错误的物理实验伤了眼睛，导致身体健康出现问题。 卢梭与瓦朗夫人搬到尚贝里的乡下沙尔麦特养病，同时，开始认真研究学问和洛克、笛卡儿等学者。	
1740	卢梭在马布利先生家做家庭教师。	
1741	卢梭带着剧本《纳尔西斯》和音乐记谱的新思路去往巴黎。	卢梭此时与瓦朗夫人的矛盾逐渐加深，因此，他在马布利先生的建议下离开沙尔麦特，前往巴黎寻求机遇。
1742	卢梭在巴黎科学院宣读了他的《新乐谱记谱法》，并获得了证书。 卢梭结识了好友狄德罗。	卢梭的《新乐谱记谱法》虽然获得了科学院颁发的证书，但并未得到人们的普遍认可。后来，他将此书依照人们的喜好改编为《论现代音乐》。

续表

年份	事件	背景及影响
1743	卢梭开始构思芭蕾舞剧《风流诗神》。 卢梭任蒙泰居大使的随行秘书一职，跟随这位法国驻威尼斯大使赴意大利。	卢梭很喜欢大使秘书这份工作，但非常厌恶蒙泰居大使意图掌控自己的行为。
1744	卢梭与蒙泰居大使发生激烈矛盾后辞职。 卢梭返回巴黎后结识了泰雷兹·勒瓦瑟尔。	泰雷兹·勒瓦瑟尔自此成为卢梭生命中最重要的伴侣。
1745	卢梭结识伏尔泰并修改他的作品《拉米尔的庆典》。	卢梭对伏尔泰作品的修改受到了一部分人的质疑。
1747	卢梭创作了喜剧《轻率签约》和诗剧《西尔维的幽径》。	《风流诗神》的试演效果未达到卢梭的需求，因此，他这段时期又将目光转向创作。
1748	卢梭结识了霍尔巴赫、杜克洛等人。	狄德罗与卢梭年龄相仿，两人都非常喜爱音乐。他们相见之后，十分顺利地成为好友。经狄德罗介绍，卢梭又结识了许多人。
1749	卢梭参与达郎贝尔和狄德罗的《百科词典》的编纂工作，专门负责音乐部分。 狄德罗因撰写《论盲人书简》入狱。 卢梭从报纸上得知第戎学院发布的征文公告，开始撰写《论科学与艺术的复兴是否有助于社会风俗更加淳朴》。	卢梭撰写的《论科学与艺术的复兴是否有助于社会风俗更加淳朴》得到了狄德罗的认可。
1750	卢梭的征文《论科学与艺术的复兴是否有助于社会风俗更加淳朴》获奖。 卢梭与格里姆相识。	卢梭因征文获奖而受到了极大关注，却也因此引发了大批论战。

续表

年份	事件	背景及影响
1752	卢梭的歌剧《乡村占卜者》成功演出。 卢梭完成音乐论文《论法国音乐的信》。	《乡村占卜者》使卢梭在巴黎名声大噪，但并没有给他带来太多好处。
1753	卢梭创作《论语言的起源》。 卢梭为回应音乐界的攻击创作《皇家音乐学院一位乐队队员给乐队同事的信》。 卢梭再次应第戎学院征文创作《论人类不平等的起源和基础》。	卢梭当时还处于上一篇征文《论科学与艺术的复兴是否有助于社会风俗更加淳朴》所带来的论战中，《法兰西信使报》上的新征文使他的思想得以抒发。
1754	卢梭与泰雷兹·勒瓦瑟尔回到日内瓦，恢复了日内瓦公民的身份，重新信奉新教。 卢梭创作《论人类不平等的起源和基础》中对日内瓦共和国的献词部分。 卢梭起草《政治制度论》。	卢梭为日内瓦写的献文引来了国民议会中一些人的不满。
1755	卢梭的《论人类不平等的起源和基础》出版。	日内瓦人对《论人类不平等的起源和基础》这部作品的反应十分冷漠。
1756	伏尔泰向卢梭写信批评《论人类不平等的起源和基础》。 卢梭和泰雷兹·勒瓦瑟尔离开都市，并接受埃皮奈夫人的邀请搬进退隐庐。 卢梭开始创作《新爱洛伊丝》。	退隐庐那种安静纯洁的乡居环境为卢梭的写作提供了大量灵感。
1757	卢梭与狄德罗、格里姆、埃皮奈夫人等人发生分歧。 卢梭开始写《爱弥儿》。 卢梭确立《朱丽》提纲，并开始写作。 卢梭离开退隐庐，去往蒙莫朗西。	卢梭自搬进退隐庐后，便引来狄德罗的不满。后来，埃皮奈夫人受格里姆与卢梭决裂的影响，将卢梭赶出退隐庐。

续表

年份	事件	背景及影响
1758	卢梭完成《致达朗贝尔的信》。 卢梭与狄德罗决裂。 卢梭完成作品《朱丽》。	卢梭的《致达朗贝尔的信》受道德愤怒的情绪影响较大，作品充满真实感，因此受到了大众欢迎。
1759	卢梭的作品《朱丽》出版。 卢梭拒绝马尔让西先生推荐的《学者报》撰稿人一职。	卢梭在此时已有放弃作家这一身份的打算。他认为这个身份给自己的写作和生活带来了沉重束缚。
1761	卢梭的《新爱洛伊丝》出版。	卢梭的《新爱洛伊丝》是一部长篇书信体小说，文中对主人公的感情和大自然的景物描写得十分细腻，受到了很多女性读者的喜爱。
1762	卢梭通过《政治制度论》整理的《社会契约论》出版。 卢梭的作品《爱弥儿》出版。 巴黎最高法院和日内瓦政府向卢梭下达逮捕令，卢梭开始了长达八年的灾难之旅。 卢梭开始创作《以法莲山的利未人》。	《爱弥儿》的出版给卢梭带来了灾难。巴黎和日内瓦认为这本书危害了其国家的公共安全，纷纷对这部作品下了禁令，并且波及卢梭本人和他的其他作品。
1763	卢梭逃离伊弗东，去往普鲁士的管辖区莫蒂埃村。 卢梭在乔治·基斯元帅的帮助下取得了普鲁士国王的庇护。	卢梭对普鲁士国王忽视自然规则的统治方式有所不满，但为逃避伯尔尼地区人民对他的迫害，迫不得已寻求普鲁士国王的庇护。

续表

年份	事件	背景及影响
1764	卢梭为日内瓦检察长在《乡间来信》中对自己的谴责写辩文《山中来信》。 卢梭为科西嘉解放运动起草《科西嘉宪法草案》。	卢梭这段时期一直处于极度贫穷的状态，只好草草写成《音乐辞典》就将它售出。
1765	卢梭的《科西嘉宪法草案》出版。 卢梭前往圣皮埃尔岛，依靠该岛的植物创作了《圣皮埃尔岛植物志》，但是他不久之后又被驱逐了。	卢梭在这段时间曾做过一个完美的计划，来保障自己和泰雷兹·勒瓦瑟尔的晚年生活。 巴黎、日内瓦、莫蒂埃及圣皮埃尔岛等地逮捕和驱逐卢梭的命令，使他几近气馁。
1766	卢梭应休谟建议前往英国避难。 卢梭开始创作《忏悔录》。	卢梭当时处于一种十分艰难的境地，创作《忏悔录》的主要目的是向世人讲述自己真实的人生经历和展现自己所受的不公待遇。
1768	卢梭与泰雷兹·勒瓦瑟尔结婚。	卢梭与泰雷兹·勒瓦瑟尔在没有约定和保证的情况下共同生活了二十五年，最终在晚年决定结婚。
1770	卢梭获得了法国政府的赦免令。 卢梭为写《让－雅克评论卢梭：对话录》做准备。	法国政府对卢梭的赦免令使得卢梭在晚年可以重回巴黎。
1771	卢梭公开朗读《忏悔录》，但被制止。 卢梭为波兰一名伯爵创作《对波兰政府及其 1772 年 4 月改革计划的考察》。	卢梭的论文表达了他对波兰斗争的支持。

续表

年份	事件	背景及影响
1775	卢梭创作的歌剧《匹克马梁》成功演出。	《匹克马梁》的演出并未征得卢梭本人的同意。
1776	卢梭完成自传作品之一《让－雅克评论卢梭：对话录》。 卢梭开始创作《一个孤独漫步者的遐想》。	《忏悔录》《让－雅克评论卢梭：对话录》和《一个孤独漫步者的遐想》被称为卢梭的“晚年三部曲”，是了解卢梭的最重要的资料。
1777	卢梭的健康状况恶化，不能进行抄乐谱的工作。	卢梭失去了日常收入，生活质量极速下降。
1778	卢梭搬到巴黎附近的一座庄园。 7月2日，卢梭病逝于爱隆美尔镇，死后葬于杨树岛。	卢梭被后世评为法国大革命的思想先驱、浪漫主义文学流派的开创者、启蒙运动代表人物之一等。